고교영어 · 수능 필수단어

이런 영단어 모르면 수능시험 치지마라

2001 편집위원회 편 이해영 역

LanguagePLUS

편저
瓜生　豊／木村　学／久保田廣美／河野　健治／しぎょう　いつみ
篠田　重晃／武田　真／玉置　全人／塚越　友幸／豊島　克己
中尾　悟／丹羽　裕子／長谷川正史／古本　勝則／三浦　愛三
松井道男

이해영
한국외국어대학교 영어과 졸업 / 테헤란, 뉴욕, 튀니스, 암스테르담 등지에서 KOTRA 무역관장으로 근무 / 런던, 쿠웨이트, 상파울루, 뉴욕에서 기업 활동 / 현재 랭기지플러스 영어 교재 컨설턴트로 활동 중

이런 영단어 모르면 수능시험 치지마라

초판 인쇄 / 2005 년 1 월 5 일
초판 발행 / 2005 년 1 월 10 일
지 은 이 / 2001 편집위원회
옮 긴 이 / 이해영
펴 낸 이 / 엄태상
펴 낸 곳 / 랭기지플러스
등록 일자 / 2000 년 8 월 17 일
등록 번호 / 제 1-2718 호
주　　소 / 서울시 강남구 역삼동 826-28
전　　화 / 02-3671-0595
팩　　스 / 02-3671-0500
E-mail / tltk@chollian.net
Homepage / www.sisabook.com

머리말

우리만큼 대학 입시가 치열한 일본. 일본 최고의 명문대인 동경대 합격생들은 어떻게 영단어를 정복했을까? 단계별 영단어 공략법으로, 동경대 지원자는 물론 일본 고교생들 사이에서 베스트셀러로 선풍적인 인기를 모은 '영단어 2001'을 드디어 한국에서 만날 수 있게 되었다.

이 책은 일본에서 가장 유명한 입시 학원이자, 입시 전문 출판사인 '카와이주크'의 최고 강사진 16명이 만들어낸 야심작이다. 유명 강사진들이 직접 현장에서 학생들의 요구 사항을 바탕으로 입시 문제를 철저히 분석해 내놓은 영단어 책이다.

기존의 영단어 책들처럼 단어와 뜻풀이의 단순한 나열이 아니라, 실제 시험에서 어떻게 출제될 것인가를 고려해, 내신 · 수능에서의 고득점과 직접 연결될 수 있는 가장 중요한 입시 단어 2001개를 실었다.

반드시 알아둬야 할 가장 쉬운 '절대단어'부터, 최고수준 '험난단어'까지 난이도별로 Start→Dash→Lead→Goal의 4단계로 나뉘어 있어, 왕초보부터 일류 대학 입학을 원하는 학생까지 이 한 권으로 영단어 정복이 가능하도록 했다. 영어 실력의 초석이 되는 영단어. 그 초석을 다지고, 시험에서 고득점을 얻기 위한 영단어 책은 이 책 한 권이면 충분하다.

대입을 위해 어떤 책을 선택하느냐에 따라 그 결과는 완전히 달라질 수 있다. 이미 일본에서 많은 학생들이 선택함으로써 이 책의 진가가 확인되었다. 가장 빨리, 가장 쉽게 꼭 외워야 할 단어만 알려주는 '영단어 2001'이 여러분을 대학 입학의 길로 안내할 것이다.

차례

Step 1

Vocabulary 625

동사편

0001
receive
[risíːv]

받다, 수취하다, 얻다

recéption 명 [1]환영회, 연회 [2]받아들이는 것
recéptionist 명 접수계원
receípt 명 영수증

0002
accept
[əksépt]

받아들이다

accéptance 명 받아들이는 것, 수리
accéptable 형 받아들일 수 있는
accépted 형 인정된, 용인된

accept (동의하여) 받아들이다
receive (단순히) 받다, 수취하다
ex) accept an invitation 초대에 응하다
receive an invitation 초대장을 받다

0003
refuse
[rifjúːz]

거절하다

refúsal 명 거절

0004
mend
[ménd]

[1]수리하다 [2](환자 등이) 나아지다

0005
repair
[ripéər]

[1]수리하다 [2](건강 등을) 회복하다

명 수리

repair 크기가 큰 것, 복잡한 것에 대한 수리
mend 의복 따위의 간단한 것의 수리

0006
remember [rimémbər]
[1]생각해 내다 [2]기억하다
remémbrance 명 [1]기억, 추억, 회상 [2]기억(력)

remember doing ~한 것을 기억하고 있다
remember to do 잊지 않고 ~하다

0007
remind [rimáind]
생각나게 하다

remind A of B A에게 B를 생각나게 하다
remind A to do A에게 ~하는 것을 생각나게 하다

0008
defeat [difí:t]
무찌르다, 패배시키다
명 [1]패배 [2]좌절

0009
increase [inkrí:s]
└ 액센트주의
증가시키다, 늘리다 (= add to)
명 [ínkri:s] 증가
incréasingly 부 점점, 더욱 더

on the increase 증가하여

0010
decrease [dikrí:s]
감소하다, 줄이다 (= reduce)
명 [dí:kri:s] 감소

0011
decide [disáid]
[1]결의하다 [2](논쟁, 문제 등을) 결정하다
[3]결판을 내다
decísion 명 결정, 결심
decísive 형 결정적인
decídedly 부 확실히

decide on A A(명사·동명사)로 결정하다

0012

☐ **afford** [əfɔ́ːrd]

(경제적·시간적) 여유가 있다

0013

☐ **contain** [kəntéin]

(용기가) 안에 담고 있다

contáiner 명 용기

0014

☐ **enter** [éntər]

[1]넣다 [2]기입하다

éntrance 명 [1]들어감, 입장 [2]입학 [3]입구
éntry 명 [1]들어감 [2]기입

> **enter A** A(장소)에 들어가다
> **enter into A** A(교섭 등)를 시작하다

0015

☐ **belong** [bilɔ́(ː)ŋ]

[1](자격·의무로) 소속하다 [2](있어야 할 곳에) 있다

명 소지품, 소유물

> **belong to A** A에 소속하다
> (동사 belong은 진행형으로 사용할 수 없음에 주의)

0016

☐ **achieve** [ətʃíːv]

[1]성취하다 (= accomplish, attain)
[2](행복·명성 등을) 획득하다

achíevement 명 [1]달성 [2]업적

0017

☐ **perform** [pərfɔ́ːrm]

[1]연주[상연]하다 [2]실행하다 (= carry out)

perfórmance 명 [1]상연, 연주 [2]수행

0018

☐ **lose** [lúːz]
↑ 발음주의

[1]잃다 [2](시합 등에) 지다 [3](체중 등을) 줄이다
[4](시계가) 늦어지다

lóss 명 손실

lóst 형 ¹잃은, 분실한 ²길을 잃은

0019
gain
[géin]

¹얻다 (= get, obtain, come by)
²(체중 등을) 늘리다 ³(시계가) ~만큼 빨리가다
명 ¹이익 ²증가

gain [lose] ~ minutes a day
(시계가) 하루에 ~ 분만큼 빨리[느리게] 가다
gain [lose] weight 체중이 증가[감소]하다

0020
earn
[ə́ːrn]

¹(일해서 돈 등을) 벌다 ²(명성 등을) 얻다

earn[gain, get, make] a [one's] living
생활비를 벌다

0021
waste
[wéist]

¹낭비하다 ²(토지 등을) 황폐시키다
명 ¹낭비 ²황무지 ³폐기물
형 ¹황폐한 ²폐기물의
wásteful 형 낭비적인

industrial[radioactive] waste 산업[방사선] 폐기물

0022
save
[séiv]

¹구하다 ²저축하다 ³생략하다
전 ~을 빼고(= except, but)

동사 save가 '~을 생략하다' 라는 의미로 쓰일 때는 2중 목적어를 취할 수 있다.
ex) Your help will save me a lot of time.
(당신이 도와준다면 시간을 많이 줄일 수 있을 것이다.)

0023
suggest
[səd3ést]

¹제안하다 ²시사하다
suggéstion 명 ¹제안 ²시사
suggéstive 형 시사적인

> **suggest (to A) that ~ (should)원형 ~**
> 혹은 **suggest doing (to A)** (A에게) ~하는 것을 제안하다
> 2중목적어를 취할 수 없음에 주의

0024
reject [ridʒékt]
거절하다
rejéction 명 거절, 거절반응

0025
disappoint [disəpɔ́int]
실망시키다
disappóinted 형 실망한, 기대가 어긋난
disappóinting 형 실망시키는 것 같은, 기대가 어긋난

0026
satisfy [sǽtisfai]
만족시키다
satisfáction 명 만족
satisfáctory 형 만족스러운, 더할 나위가 없는

0027
supply [səplái]
1공급하다 2주다
명 공급

> **supply A with B = supply B to[for] A**
> A에게 B를 주다

0028
demand [dimǽnd]
요구하다(= require)
명 1요구 2수요

> require, request와 달리 demand A to do의 형태는 없다.

0029
depend [dipénd]
1기대다, 의존하다 2좌우되다, 달려있다
depéndent 형 1의존하는 2좌우되는
depéndence 명 의존

depend on[upon] A = be dependent on
That depends. (그것은) 때와 형편에 달렸다.

0030
□ **trust**
[trʌ́st]

[1]신뢰하다 [2]의탁하다

명 [1]신뢰 [2]의탁
trústworthy 형 신뢰할 수 있는, 믿을 수 있는

trust A with B = trust B to A A에게 B를 맡기다
ex) He trusted me with his wallet.
(그는 나에게 지갑을 맡겼다.)

0031
□ **destroy**
[distrɔ́i]

파괴하다, 박멸하다 (= ruin)

destrúction 명 파괴
destrúctive 형 파괴적인

0032
□ **construct**
[kənstrʌ́kt]

[1]조립하다, 건설하다 (= build)
[2](문장·이론 등을) 구성하다

constrúction 명 건설
constrúctive 형 건설적인

0033
□ **create**
[kriéit]

창조하다

creátion 명 창조
creátor 명 [1]창조자 [2](the Creator) 조물주, 신
créature 명 생물
creátive 형 창조력이 있는

0034
□ **invent** [invént]

발명하다

invéntion 명 발명
invéntor 명 발명가
invéntive 형 발명의 재능이 있는

0035
□ **produce** [prədjúːs]
액센트주의

[1]생산[제조]하다, 생기게 하다 [2]제시하다, 내보이다

명 [prədjúːs] 농산물

prodúction 명 생산 (고)
próduct 명 제품
by-product 명 부산물
prodúcer 명 [1]생산자 [2]제작자
prodúctive 형 생산적인
productívity 명 생산성

0036
□ **regard** [rigáːrd]

~라고 보다, 간주하다

명 [1]관심, 배려 [2]존중, 존경

regárdless 형 (regardless of~) 부주의한, 관심없는
regárding 전 ~에 관하여 (= concerning)

regard A as B A를 B로 간주하다

0037
□ **praise** [préiz]

칭찬하다

명 칭찬

práiseworthy 형 칭찬할 만한, 기특한

0038
□ **scold** [skóuld]

잔소리를 하다, 야단치다

0039
□ **blame** [bléim]

[1]비난하다 [2]책임을 지우다

명 [1]비난 [2]책임

blame A for B = blame B on A B를 A의 탓으로 돌리다

be to blame ~에 책임이 있다.
ex) I am to blame for the accident.
(나에게 그 사고의 책임이 있다.)

0040
□ **punish**
[pʌ́niʃ]

벌하다

púnishment 명 벌

0041
□ **rob**
[rɑb]
발음주의

(금품 · 권리 등을) 빼앗다

rob A of B A(사람)로부터 B(물건)를 빼앗다
→ **rob**은 '사람' 이 주어가 되며,
steal은 '물건' 이 주어가 됨에 주의.

0042
□ **agree**
[əgríː]

[1](제안 · 계획 등에) 동의하다 [2]의견이 일치하다
[3](음식 등이) 체질에 맞다

disagrée 동 의견이 일치하지 않다
agréement 명 [1]일치 [2]협정
agréeable 형 느낌이 좋은
disagréeable 형 불유쾌한

agree는 의미에 따라 함께 쓰이는 전치사가 다름에 주의.
ex) He reluctantly agreed to her plan.
(그는 마지못해 그녀의 계획에 동의했다.)

I agree with you[what you say].
(당신의 말에 찬성합니다.)

Milk doesn't agree with me.
(우유는 나의 체질에 맞지 않다.)

0043
□ **permit**
[pərmít]

허가하다

permíssion 명 허가
permíssive 형 자유방임의

0044
□ **insist**
[insíst]

주장하다, 우기다

insístence 명 강하게 주장하는 것
insístent 형 끈덕진

insist on A A를 강하게 주장하다

0045
□ **intend**
[inténd]

¹의도하다 ²~할 계획[작정]이다 (= mean)

inténtion 명 의도
inténtional 형 의도적인

0046
□ **hate**
[héit]

증오하다, 미워하다

명 미움

hátred 명 증오, 미움
hàteful 형 가증스러운

0047
□ **mind**
[máind]

염두에 두다, 주의하다

명 ¹정신 ²지력 ³(지성을 가진) 인간

mind + 동명사 목적어 (○)
+ to부정사 목적어 (×)
Would you mind doing~? (제발) ~해 주시지 않겠습니까?

0048
□ **regret**
[rigrét]

후회하다

명 ¹후회 ²유감스러운 기분

regréttable 형 유감스러운, 후회되는
regrétful 형 후회하는, 애석해 하는

regret doing [having done] ~한 것을 후회하다
regret to do 유감이지만 ~ 하다

0049
□ **complain** [kəmpléin]

불평을 말하다

compláint 명 불평, 불만

complain of [about] A A에 대하여 불평을 말하다
complain (to A) that절 (A에게) ~라고 불평을 말하다

0050
□ **ignore** [ignɔ́ːr]

무시하다

ígnorance 명 무지
ígnorant 형 무지한

0051
□ **deny** [dinái]

¹부정하다 ²(~에게) 주지않다

deníal 명 부정

deny (부정하다) + 동명사 목적어 (○)
+ to부정사 목적어 (×)
deny A B = deny B to A A에게 B를 주지 않다
ex) She denies nothing to her son.
(그녀는 자신의 자녀에게는 무엇이든 준다.)

0052
□ **warn** [wɔ́ːrn]
└ 발음주의

¹경고하다 ²통지하다

wárning 명 ¹경고 ²전조

0053
□ **educate** [édʒukeit]
└ 액센트주의

교육하다

educátion 명 교육
educátional 형 교육의

0054
□ **acquire** [əkwáiər]
(지식·능력·습관 등을) 몸에 익히다
acquisítion 명 획득, 습득
acquíred 형 [1]획득한 [2]후천적인

0055
□ **examine** [igzǽmin]
[1]조사하다 [2]시험하다
examinátion 명 [1]조사 [2]시험
examinée 명 수험자
exáminer 명 시험관

0056
□ **care** [kέər]
(부정문, 의문문, 조건문에서) 관심을 가지다, 좋아하다
명 [1]걱정 (= anxiety) [2]주의 [3]돌보아줌
cáreful 형 주의깊은
cáreless 형 부주의한

take care of A A를 돌보아주다
care for A A를 좋아하다, 돌보아주다
I couldn't careless. 전혀 관심이 없다.

0057
□ **solve** [sάlv]
[1](문제 등을) 풀다 [2]해결하다 (= settle)
solútion 명 [1]해답 [2]해결

0058
□ **translate** [trænsléit]
[1]번역하다 [2]해석하다
translátion 명 해석
translátor 명 번역자

0059
□ **communicate** [kəmjúːnəkeit]
엑센트주의
(의견·정보 등을) 전하다, 전달하다
communicátion 명 [1]전달 [2]통신
commúnicative 형 [1]전달의 [2]말하기 좋아하는

0060
□ **invite**
[inváit]

¹초대하다 ²권유하다

invitátion 명 초대
invíting 형 마음을 사로잡는 것 같은, 매혹적인

0061
□ **introduce**
[intrədjúːs]

¹소개하다 ²도입하다

introdúction 명 ¹소개 ²도입

0062
□ **search**
[séːrtʃ]

찾다, 수색하다

명 수색

search him 그의 소지품 검사를 하다
search for him (행방불명인) 그를 찾다
in search of A A를 찾아서
(in search for A로 하지 않도록 주의)

0063
□ **force**
[fɔ́ːrs]

¹강제하다
²강요하다 (= compel, oblige)

명 ¹힘 (= power) ²폭력 (= violence) ³(종종 pl.) 군대 (= army)
enfórce 동 ¹(법률 등을) 실시하다 ²(규칙 등을) 억지로 적용시키다
fórcible 형 강제적인

0064
□ **compel**
[kəmpél]

¹강제하다,
²강요하다 (= force, oblige)

compúlsion 명 강제
compúlsory 형 강제적인

compel [force, oblige] A to do A에게 ~할 것을 강요하다
compulsory education 의무교육

0065
distinguish [distíŋgwiʃ]

구별하다

distínguished 형 [1]저명한 [2]훌륭한
distínct 형 [1]독특한 [2]분명한 (= definite)
distínctive 형 [1](다른 것과) 명확하게 구별할 수 있는 [2]특유의 (= unique)
distínction 명 [1]구별, 차이 [2]특징 [3]우수함, 출중함

0066
divide [diváid]

분할하다, 나누다

divísion 명 [1]분할 [2]부문

0067
connect [kənékt]

[1]연결하다, 잇다 [2]관계시키다

connéction 명 관계

0068
exist [igzíst]
↑ 발음주의

존재하다

exístence 명 [1]존재 [2]생활
exístent 형 현존하는
exísting 형 현존의, 현재의

come into existence 생기다, 나타나다

0069
remain [riméin]

[1]여전히 ~이다 [2]머물다

명 [1](pl.) 나머지 [2]유적

remain to be p.p. 아직 ~ 되어 있지 않다
ex) The problem remains to be solved.
(문제는 아직 해결되지 않고 있다.)

0070
hide [háid]

[1]감추다 (= conceal) [2]숨다

0071
□ **appear**
[əpíər]

[1]나타나다 [2]~라고 여겨지다, ~인 듯 하다

disappéar 동 [1]꺼지다 [2]보이지 않게 되다
appéarance 명 [1]출현 [2]외관, 겉보기

0072
□ **expect**
[ikspékt]

예기하다, 기대하다

expectátion 명 기대하는 것의 실현
expéctancy 명 희망 ; 기대하는 상태

expect A of [from] B B(사람)에게 A를 기대하다
life expectancy 평균수명

0073
□ **suppose**
[səpóuz]

~라고 생각하다, 가정하다

supposítion 명 가정, 추측
suppósedly 부 생각컨대
suppósing 접 만약 ~(이)라면 (= if)

0074
□ **imagine**
[imǽdʒin]

상상하다

ímage 명 [1]상(像) [2]이미지
imaginátion 명 [1]상상 [2]상상력

imaginative 형 상상력이 풍부한
imaginable 형 상상할 수 있는
imaginary 형 상상상의, 가공의

ex) imaginative poet 상상력이 풍부한 시인
try every method imaginable
생각해낼 수 있는 모든 수단을 시도해 보다
imaginary animal 가공의 동물

0075
□ **recognize**
[rékəgnaiz]
└ 액센트주의

[1]인정하다 [2]본 기억이 있다, 알아보다

recogníton 명 [1]인식 [2]승인

récognizable 형 알아볼 수 있는

> **recognize** 알아볼 수 있는, 본 기억이 있는
> *ex*) Do you recognize me?
> (내가 누군지 알겠습니까?)

0076
☐ **guess** [gés]

추측하다

명 추측, 짐작

0077
☐ **wonder** [wʌ́ndər] ↑ 발음주의

1(~이 아닐까라고) 생각하다 2이상하게 여기다 3놀라다

명 경이, 불가사의, 놀라운 일

wónderful 형 1훌륭한 2불가사의한

0078
☐ **face** [féis]

1~에 직면하다 2(~의 쪽으로) 향하다

명 1얼굴 2표면

fácial 형 얼굴의

0079
☐ **avoid** [əvɔ́id]

피하다

avóidance 명 회피
avóidable 형 피할 수 있는

> avoid는 동명사를 목적어로 할 수 있지만,
> to 부정사는 목적어로 취할 수 없음에 주의.

0080
☐ **escape** [iskéip]

1도망가다 2피하다

명 도망

0081
☐ **judge** [dʒʌ́dʒ]

1판단하다 2재판하다

명 1재판관 2심판

júdgment 명 1판단 2재판

0082
□ **determine**
[ditə́ːrmin]
└ 액센트주의

결의하다, 결정하다

determinátion 명 [1]결심 [2]결정

be determined to do ~하려고 결심하다

0083
□ **propose**
[prəpóuz]

[1]제안하다 [2]청혼하다

proposítion 명 [1]제안 [2]명제
propósal 명 [1]제안 [2]청혼

동사 propose는 2중 목적어를 취할 수 없으므로, '사람'을 나타내는 말 앞에 전치사 'to'가 필요하다.
propose (to A) that ~ (should) 원형 ~
(A에게) ~을 제안하다

0084
□ **express**
[iksprés]

표현하다

expréssion 명 급행, 속달편
expréssive 형 [1]명확한 [2]급행의, 속달편의

0085
□ **mention**
[ménʃən]

언급하다 (= refer to)

명 언급, 진술

타동사이므로 **mention A** (A를 언급하다) 라고 한다.
mention about A (×)

cf) refer to A

0086
□ **utter**
[ʌ́tər]

(말 등을) 입밖에 내다, 언급하다

útterance 명 [1]발언 [2]발표력

utter 형 전적인, 철저한
in utter darkness 암흑 속에서, 깜깜한 한밤중에
utterly 부 완전히, 아주

0087
□ **declare** [diklέər]

[1]선언하다 [2]~라고 언명하다

declarátion 명 선언

0088
□ **argue** [ά:rgju(:)]

[1]논의하다 [2]주장하다

árgument 명 논의, 주장

0089
□ **explain** [ikspléin]

설명하다

explanátion 명 설명

> 동사 explain은 2중목적어를 취할 수 없다.
> '사람' 을 나타내는 말 앞에 전치사 'to' 가 필요하다.
> *ex*) He explained the rule to me.
> (그는 나에게 그 규칙을 설명했다.)

0090
□ **admit** [ædmít]

[1]인정하다 [2]입장·입회를 허락하다

admíssion 명 [1]입회, 입학 (허가) [2]입장료, 입회금
admíttance 명 입장(허가)
admíttedly 부 자기가 인정하듯이, 분명하게

0091
□ **advance** [ədvǽns]

[1]나아가게 하다, 나아가다 [2]승진시키다, 승진하다

명 [1]전진 [2]진보 [3]승진
advánced 형 (학문 등이) 상급의, (문명 등이) 진보한

> **in advance** 앞서서, 미리

0092
□ **develop** [divéləp]

[1]발달시키다, 발달하다 [2]개발하다

devélopment 명 발달
developméntal 형 발달[발육]상의

> **developing country** 발전도상국
> **developed country** 선진국

0093
□ improve [imprúːv]

개량하다, 좋아지다

improvement 명 개량, 개선

0094
□ extend [iksténd]

[1]연장하다 [2]넓게 하다, 넓히다

exténsion 명 [1]연장 [2]확장
extént 명 [1]정도, 범위 [2]넓이
exténsive 형 넓은, 광범위한

0095
□ accomplish [əkámpliʃ]

성취하다, 이루다 (= achieve, attain)

accómplishment 명 [1]달성 [2]업적

0096
□ prefer [prifə́ːr]
액센트주의

좋아하다, 선호하다

preférence 명 선택의 대상, 우선권
preférable 형 고를 만한, 오히려 나은
preférably 부 가급적이면

prefer A to B B보다 A를 더 좋아하다

0097
□ please [plíːz]

[1]기쁘게 하다 (= delight) [2]좋아하다

pléasure 명 기쁨

pléasant 형 (물건 · 일 등이) 즐거운, (사람이) 느낌이 좋은
pléased 형 만족한

0098
□ attempt [ətémpt]

시도하다 (= try)

명 시도, 기도, 노력

0099
□ **manage**
[mǽnidʒ]

[1]경영하다, 관리하다 [2]이럭저럭 (어떻게든) 해내다

mánagement 명 [1]경영 [2]관리
mánager 명 [1]경영자 [2]감독
mánageable 형 취급하기 쉬운, 관리할 수 있는

manage to do 어떻게 해서든 ~ 하다

0100
□ **assist**
[əsíst]

돕다, 도와주다

assístance 명 원조
assístant 명 조수, 점원

0101
□ **consult**
[kənsʌ́lt]

[1]상담하다 [2]~에게 진단을 받다
[3](참고서 등을) 참고하다, 찾다

consultátion 명 [1]상담 [2](서적 등의) 참조

consult a dictionary 사전을 참고하다, 찾다
consult a doctor 의사에게 진단을 받다

0102
□ **beg**
[bég]

[1]청구하다 [2]탄원하다

béggar 명 거지

0103
□ **endure**
[endjúər]

(참고) 견디다 (= bear, stand, put up with, tolerate)

endúrance 명 [1]인내 [2]인내력

0104
□ **pretend**
[priténd]

~인 체하다 (= make believe)

preténse 명 겉치레

0105
□ **deceive**
[disíːv]

속이다 (= take in)

decéit 명 속이는 것, 사기

decéption 명 공정, 정의
decéptive 형 (사람)을 속이는, 현혹시키는

0106
justify [dʒʌ́stəfai]

정당화하다

justificátion 명 정당화
jústice 명 공정, 정의
jústifiable 형 정당하다고 인정할 수 있는

0107
suffer [sʌ́fər]

1(고통·손해 등을) 받다 2경험하다, 앓다

suffer from A A를 앓다, 병들다

0108
recover [rikʌ́vər]

1(건강 등을) 회복하다 2원기를 되찾다

recóvery 명 1원상복귀 하는 것 2회복

0109
offer [ɔ́(:)fər]
액센트주의

1제공하다 2신청하다

명 제의, 신청

0110
consider [kənsídər]

1잘 생각하다 2~라고 간주하다

considerátion 명 숙고, 고려
consíderable 형 상당한, 꽤 많은
consíderate 형 생각이 깊은, 이해성이 있는
consídering 접 전 ~인 것을 생각하면

take A into consideration A를 고려[참작]하다
all things considered 만사를 고려하여

0111
deliver [dilívər]

1배달하다 2연설 등을 하다

delívery 명 배달

0112
travel [trǽvəl]

1여행하다 2(회사 등에) 통근하다 3(빛 등이) 전파하다

명 1여행 2이동

0113
□ **approach**
[əpróutʃ]

다가가다, 접근하다

명 [1]접근 [2](연구 등의) 방법

approach의 경우는 타동사이므로
approach to A (×) → **approach A** A에 접근하다

0114
□ **reach**
[ríːtʃ]

[1]닿다, 도착하다 (= arrive at, get to) [2]손을 뻗다

명 손이 닿는 범위

within[out of] reach of A
A의 손이 닿는 곳에[닿지 않는 곳에]

타동사 reach는 전치사와 함께 쓰지 않음에 주의
reach at A (×) → reach A A(장소)에 도착하다

0115
□ **delay**
[diléi]

[1]늦추다 [2]연기하다

명 [1]지연 [2]연기

be delayed 늦다, 지연되다

ex) Our train was delayed by the accident.
(내가 탄 열차는 사고로 지연되었다.)

0116
□ **indicate**
[índikeit]

[1]가리키다 [2]나타내다

indicátion 명 [1]징후 [2]지시
índicator 명 [1]지시하는 물건 [2]척도, 표준, 지표

0117
□ **represent**
[reprizént]

[1]나타내다 (= stand for) [2]대표하다

represéntative 명 [1]대표 [2]국회의원
형 [1]대표적인 [2]표현하고 있는
representátion 명 표현

0118
□ **inform**
[infɔ́ːrm]

알리다

informátion 명 정보

inform A of [about] B A에게 B를 알리다
inform A that 사람에게 ~을 알리다
information은 불가산명사이므로
many information (×) → **many pieces[bits] of information**

0119
□ **resemble**
[rizémbl]

닮다

resémblance 명 닮음, 유사

동사 resemble은 타동사이므로
resemble to A (×) → **resemble A** A를 닮다

0120
□ **imitate**
[ímiteit]
↑ 액센트주의

모방하다

imitátion 명 ¹모방 ²모조품
ímitative 형 독창성이 없는

0121
□ **add**
[ǽd]

¹더하다 ²~라고 부가하여 말하다

addítion 명 ¹추가 ²가산
addítional 형 추가의

add A to B A를 B에 더하다, 추가하다
add to A A를 증가시키다 (= increase A)

0122
□ **remove**
[rimúːv]

¹제거하다 (= get rid of) ²이동시키다
³벗다, 삭제하다 (= take off)

remóval 명 ¹제거 ²이동

0123
□ **behave** [bihéiv]

[1]행동하다 [2]예의 바르게 행동하다

behávior 명 행실, 행동

behave (oneself) (어린이가) 예의 바르게 행동하다

0124
□ **worry** [wə́:ri]

걱정하다, 걱정시키다, 속을 태우게 하다

0125
□ **breathe** [brí:ð]
└ 발음주의

호흡하다, 불어넣다

bréath 명 숨, 호흡
bréathless 형 숨을 죽인, 숨도 못쉴 정도의

0126
□ **weep** [wí:p]

눈물을 흘리다, 흐느껴 울다

0127
□ **prevent** [privént]

[1]방해하다 (= hinder) [2]예방하다

prevéntion 명 예약
prevéntive 형 예방에 도움이 되는

prevent [keep, stop, hinder] A from doing
A가 ~하는 것을 방해하다

0128
□ **protect** [prətékt]

보호하다

protéction 명 보호
protéctive 형 보호의

0129
□ **include** [inklú:d]

포함하다

inclúsive 형 포괄적인
inclúding 전 ~을 포함하여

0130
□ **exchange** [ikstʃéindʒ]

교환하다

명 교환

exchange A for B A를 B와 교환하다

0131
cost
[kɔ́ːst]
발음주의

¹(금액 등이) 들다, 걸리다 ²희생을 지불하다

명 ¹비용 ²희생
cóstly 형 값비싼, 고가의

at the cost of A A를 희생으로 하여
동사 cost는 2중목적어를 취할 수 있다.
ex) Drinking cost him his life.
(술 때문에 그는 목숨을 잃었다.)

0132
obtain
[əbtéin]

얻다 (= get, gain, come by)

obtáinable 형 입수 가능한

0133
consume
[kəns(j)úːm]

소비하다, 써버리다 (= use up)

consúmer 명 소비자
consúmption 명 소비

0134
employ
[implɔ́i]

¹고용하다 ²사용하다

employée 명 종업원
emplóyer 명 고용자
emplóyment 명 ¹고용 ²사용 ³직업

0135
boil
[bɔ́il]

¹끓이다 ²삶다, 데치다

0136
melt
[mélt]

녹이다, 용해하다

0137
beat
[bíːt]

¹때리다, 치다 ²이기다 ³(심장이) 고동치다

명 때리는 것, 치는 것

0138
□ **blossom**
[blɑ́səm]

[1](과수의) 꽃이 피다 [2]번영하다

명 (식용과수의) 꽃

0139
□ **limit**
[límit]

제한하다 (= restrict)

명 한도, 제한

limitátion 명 한도, 한계
límited 형 [1]한정된 [2]급행의

limited express 특급

0140
□ **borrow**
[bɔ́(:)rou]

[1]빌리다 [2](말 등을 다른 언어로부터) 차입[차용] 하다

borrow 다른 사람에게서 돌려줄 것을 전제로 일시적으로 빌리다
rent (방, 빌딩, TV세트 등) 정기적으로 대가를 지불하며 빌리다

0141
□ **lend**
[lénd]

(물건·돈·힘 등을) 빌려 주다

lend A B A에게 B를 빌려주다 (= lend B to A)

화장실이나 가옥 등 이동 불가능한 것을 일시적으로 사용할 때는 lend 를 쓰지 않음에 주의

Lend me the bathroom. (×)
Let me use the bathroom. (○)
(화장실을 빌려 쓸 수 있습니까?)

0142
□ **select**
[silékt]

선정하다, 고르다

seléction 명 [1]선택 [2]선택된 물건 [사람]
seléctive 형 [1]선택하는 [2]선정하는

0143
□ **admire**
[ædmáiər]

칭찬하다, 감탄하다

admirátion 명 칭찬, 감탄
ádmirable 형 칭찬할 만한, 훌륭한

0144
□ **remark**
[rimɑ́:rk]

말하다, 서술하다

명 의견
remárkable 형 주목할 만한
remárkably 부 두드러지게, 현저하게

0145
□ **sign**
[sáin]

[1]서명하다 [2]신호를 주다

명 [1]부호, 기호 [2]징후 [3]몸짓 (몸 사인)
sígnature 명 서명
sígnal 명 신호

signature (문서 등에 하는) 서명, 사인 sign (×)
autograph (유명인 등의) 사인

0146
□ **seek**
[sí:k]

[1]찾다, 탐구하다 (= look for) [2]노력하다
[3](충고 등을) 구하다 (= ask for)

0147
□ **repeat**
[ripí:t]

되풀이 하다, 반복하다

repetítion 명 반복
repéated 형 되풀이 된, 거듭된
repéatedly 부 되풀이 하여, 여러 차례

0148
□ **raise**
[réiz]

[1]올리다 [2]키우다 (= bring up, rear)

명 [1]올리는 것 [2]임금 인상

0149
enable [inéibəl]
(~하는 것을) 가능케 하다

> **enable A to do** A가 ~하는 것을 가능하게 하다

0150
excite [iksáit]
흥분시키다

excítement 명 흥분
excíting 형 자극적인
excíted 형 흥분한

0151
overcome [ouvərkʌ́m]
[1]이기다 [2]극복하다 (= get over)

0152
collect [kəlékt]
모으다, 수집하다

colléction 명 수집, 소장품
colléctive 형 집합적인
collécted 형 수집한, 침착한

> **collect oneself** 마음을 침착하게 하다, 가다듬게 하다 (= compose oneself)

0153
define [difáin]
정의하다

definítion 명 정의
définite 형 명확한, 명확하게 한정된
indéfinite 형 분명하지 않은

0154
discuss [diskʌ́s]
논의하다 (= talk about)

discússion 명 논의

> discuss는 타동사이므로
> discuss about A (×) → **discuss A** A를 논하다

0155
require [rikwáiər]
[1]필요로 하다 (= need) [2]요구하다 (= demand)

requírement 명 [1]필요한 것, 연회 [2](졸업 등의) 필요요건

0156
□ **marry**
[mǽri]

결혼하다

márriage 명 결혼
márried 명 기혼의

be married to A / get married to A A와 결혼하다
marry는 타동사이므로
marry with A (×) → **marry A** A와 결혼하다

0157
□ **join**
[dʒɔ́in]

[1]참가하다 (= participate in, take part in) **[2]연결하다**

jóint 명 [1]관절 [2]이음새

0158
□ **differ**
[dífər]
└ 액센트주의

[1]다르다, 틀리다 [2]의견이 맞지 않다

dífference 명 상이함
dífferent 형 다른, 틀린

differ from A A와 다르다
differ in A A라는 점에서 다르다

0159
□ **forgive**
[fərgív]

(죄 등을 범한 사람을) 용서하다

for give A for B A(사람)의 B(과실 · 죄 등)를 용서하다

0160
□ **account**
[əkáunt]

[1]설명하다 [2]원인이 되다 [3]비율을 차지하다

명 [1]설명 [2]계산

account for A A를 설명하다 (= explain A), A의 원인이 되다,
A의 비율을 차지하다

ex) Carelessness accounts for many accidents.
(부주의로 많은 사고가 발생한다.)
Farmers account for two thirds of the population of the country.
(농민이 그 나라 인구의 2/3를 차지하고 있다.)

0161
serve
[sə́:rv]

1봉사하다 2도움이 되다 3(식사 등을) 시중 들다

sérvice 명 1근무 2봉사 3(우편 등의) 공익사업

Are you being served?
(점원이 손님에게) 무엇을 도와 드릴까요?

0162
shake
[ʃéik]

1흔들다 2동요시키다 2떨리다

0163
spoil
[spɔ́il]

1망치다, 못쓰게 하다 2응석받이로 망쳐 버리다

spoilt child 응석받이로 자라 버릇없는 아이

0164
spread
[spréd]
발음주의

펴다, 펼치다

recéption 명 1퍼짐 2(뉴스 등의) 유포

0165
suit
[s(j)ú:t]

1알맞다 2어울리다

명 슈트, 의복

suítable 형 적절한, 어울리는

suit (색 · 무늬가 사람에게) 어울리다
fit (크기 · 형태가 사람 · 물건에) 알맞다

ex) Brown suits you well.
(갈색이 너한테 잘 어울려.)
These shoes fit me.
(이 구두는 나에게 꼭 맞는다.)

0166
□ **support**
[səpɔ́ːrt]

[1]지탱하다 [2]지지하다 [3]부양하다

명 [1]지탱 [2]지지 [3]부양 [4]원조

0167
□ **aim**
[éim]

[1]노리다 [2](말 · 노력 등을) 향하다, 빗대어 말하다

명 [1]노림 [2]목표, 목적 (= purpose, end, goal, object)

aim to do [at doing] ~하려고 목표로 하다, 노력하다

0168
□ **postpone**
[poustpóun]

연기하다 (= put off)

postpone ~ 동사 ing (○)
postpone ~ to 부정사 (×)

0169
□ **disturb**
[distə́ːrb]

어지럽히다, 방해하다

distúrbance 명 혼란, 방해

0170
□ **prepare**
[pripɛ́ər]

마련하다, 준비하다

preparátion 명 준비
prepáratory 형 준비의, 예비의

be prepared to do ~할 각오가 되어 있다, 기꺼이 ~하다
(= be ready to do)

0171
□ **continue**
[kəntínju(ː)]
└ 액센트주의

계속시키다, 계속하다

continue의 두가지 명사형
① **continuance**
continue의 자동사적 의미 '계속되다'의 명사형. '계속됨'
② **continuation**
continue의 타동사적 의미 '계속하다'의 명사형. '계속함'

continual
(어떠한 일정한 간격을 두고) 되풀이 되는, 반복해 계속되는
continuous 쉬지 않고 계속되는 명 continuity

0172
□ **elect**
[ilékt]

선택하다

eléction 명 선거
eléctive 명 선택과목 형 선거의

0173
□ **arrange**
[əréindʒ]

[1]잘 나열하다, 가지런히 하다 [2]조정하다 [3]각색·편곡하다

arrángement 명 [1]정돈 [2]준비 [3]각색, 편곡

0174
□ **follow**
[fálou]

[1]따라가다 [2](충고 등을) 따르다 [3]다음에 계속하다

fóllowing 명 다음의
fóllower 명 (사상 등의) 신봉자

It follows (from this) that절
(이 일로부터 당연한 귀결로서) ~라고 하는 것이 된다.

0175
□ **lack**
[lǽk]

모자르다, 부족하다

명 부족
lácking 형 부족한

for lack [want] of A (A 의 ~이) 부족하기 때문에

0176
□ **lead**
[lí:d]
└ 발음주의

[1]이끌다 [2](세월을) 보내다, 지내다 [3](도로 등이) 통하다

명 선도
léading 형 [1]주요한 [2]일류의

leading newspaper 유력지, 주요신문
cf) lead [léd] 명 (광물의) 납

0177
□ **rely**
[rilái]

기대다, 의존하다

relíance 명 ¹신뢰 ²의존
relíable 형 신뢰할 수 있는

rely on A for B B의 일로 A에 의존하다

0178
□ **hurt**
[hə́:rt]
└ 발음주의

¹상처를 입히다 (= injure) ²아프다

명 상처 (= injury)

0179
□ **draw**
[drɔ́:]

¹잡아 끌다, 당기다 ²인출하다
³(선을) 긋다, (그림 · 도표를)그리다 ⁴다가가다

명 ¹당기는 것 ²무승부
dráwing 명 스케치
dráwer 명 서랍

draw (연필이나 펜 등으로) 선으로 이루어진 그림 도표를 그리다
paint (그림 물감 등으로) 그림을 그리다, 색을 칠하다

0180
□ **surround**
[səráund]

포위하다

surróundings 명 환경, 주위의 상황

0181
□ **provide**
[prəváid]

¹공급하다 ²(위험 등에) 대비하다

provísion 명 (위험 등에 대한) 준비
províding 접 만약 ~라면 (= if, provided)

provide A with B = provide B for A
A에게 B를 주다

0182
☐ **treat**
[tríːt]

[1]취급하다 [2]치료하다 [3]한 턱을 내다, 대접하다

tréatment 명 [1]취급 [2]치료

> **treat A to B** A에게 B를 대접하다
> **treat** 명 한 턱 내기, 향응
> *ex*) This is my treat. (내가 한 턱 낼게.)

0183
☐ **survive**
[sərváiv]

[1]보다 오래 살다 [2](곤란, 어려움 등을) 잘 빠져 나가 살다, 생존하다

survíval 명 생존하는 것

> '(사람)보다 오래 살다' 라는 뜻의 survive는 타동사임에 주의.
> *ex*) He survived his wife.
> (그는 부인보다 오래 살았다.)

0184
☐ **bloom**
[blúːm]

[1](꽃이) 피다 [2]번영하다

명 (감상용의) 꽃

> **be in full bloom** 꽃이 만개하다, 전성기이다

0185
☐ **attract**
[ətrǽkt]

끌어 당기다

attráction 명 [1]매력 [2]사람을 끌어 당기는 것 [3]인력
attráctive 형 매력적인

0186
☐ **appeal**
[əpíːl]

[1]애원하다, 간청하다 [2](여론·법률 등에) 호소하다

명 애원, 호소
appéaling 형 매력적인, 사람의 마음에 호소하는

0187
□ **occupy**
[ɑ́kjupai]

[1]차지하다 (= take up) [2]점거하다

occupátion 명 [1]점령 [2]직업

be occupied with[in] A A에 종사하다

0188
□ **occur**
[əkə́:r]

[1]일어나다 (= happen) [2]마음에 떠오르다

occúrrence 명 [1]일어난 일 [2]발생

It occurs to A that절 ~라고 하는 것이 A의 마음에 떠오르다

0189
□ **owe**
[óu]

[1]빚지고 있다 [2](명예·성공 등을)~에 돌리다, 덕택으로 알다

owe A to B A의 일은 B의 덕택이다

ex) I owe my success to you.
(나의 성공은 당신 덕택이다.)

'빚이 있다' 는 뜻으로 쓰일 때는 2중목적어를 취할 수 있다.

ex) I owe him five dollars.
(나는 그에게 5달러 빚이 있다.)

0190
□ **promise**
[prɑ́mis]

[1]약속하다 [2]전망이 있다

명 약속

prómising 형 장래가 유망한, 촉망되는

0191
□ **confuse**
[kənfjú:z]

[1]혼동하다 [2]당혹스럽게 하다

confúsion 명 [1]혼란 [2]당혹스러움
confúsed 형 혼란한
confúsing 형 혼란시키는, 당황하게 하는

0192
□ **publish**
[pʌ́bliʃ]

[1]출판하다 [2]발표하다

publicátion 명 [1]출판 [2]발표
públisher 명 출판사, 발행인

0193
□ **reply**
[riplái]

대답하다 (= respond), 대답하다

명 대답, 응답

reply to A A에 대답하다
cf) answer A

0194
□ **prove**
[prú:v]
└ 발음주의

[1]증명하다 [2]판명하다 (= turn out)

próof 명 [1]증명 [2]증거품

prove (to be) ~라고 판명되다
ex) The rumor proved to be false.
(그 소문은 거짓이라고 판명되었다.)

0195
□ **consist**
[kənsíst]

[1](부분·요소로) 이루어지다 [2]존재하다

consístency 명 일관성
consístent 형 모순이 없는

consist of A A로 이루어지다 (= be composed of A)
consist in A A에 있다

0196
□ **compare**
[kəmpέər]

[1]비교하다 [2]비유하다

compárison 명 [1]비교 [2]비유
cómparable 형 비교되는
compárative 형 비교에 의한, 비교의
compáratively 부 비교적, 비교해 보면

(as) compared with [to] A A와 비교하면
compare A with[to] B A와 B를 비교하다
compare A to B A를 B로 비유하다 (with가 올 수 없음)

0197

☐ **apply**
[əplái]

[1]적용하다, 응용하다 [2]알맞다 [3]신청하다

ápplicant 명 응모자, 지원자
applicátion 명 [1]적용, 응용 [2]지원
applíance 명 기구
ápplicable 형 적용할 수 있는

apply A to B A를 B에 적용하다
apply to A A에 응용하다
apply (to A) for B (A에) B를 신청하다

Step 1 Start Vocabulary 625

형용사·부사편

0198
major [méidʒər] (발음주의)

[1]주요한 [2]대다수의

통 (과목 등을) 전공하다 (= specialize)
명 전공과목

majórity 명 대다수, 다수파

major in A A를 전공하다 (= specialize in A)

0199
minor [máinər]

[1]작은 [2]중요하지 않은

minórity 명 소수 (파)

0200
superior [səpíəriər]

보다 뛰어난

superiórity 명 우위, 탁월

0201
inferior [infíəriər]

보다 열등한

inferiórity 명 하위, 열등

be inferior to A A보다 열등하다
be superior to A A보다 뛰어나다

0202
eager [íːgər]

열망하는, 간절히 ~하고 싶어하는

be eager to do 간절히 ~하고 싶어하는

0203
curious [kjúəriəs]

[1](사람이) 호기심이 강한 [2](물건·일 등이) 기묘한

curiósity 명 호기심
curiously 부 [1]신기한 듯이 [2]기묘하게도

0204
willing [wíliŋ]

[1]기꺼이 ~하다 [2]자발적인

wíllingly 부 자진하여, 기꺼이

be willing [ready, prepared] to do 기꺼이 ~ 하다
↔ be reluctant to do ~하고 싶어하지 않다

0205
keen [kíːn]

[1](칼 등이) 날카로운 [2](감각 등이) ~에 예민한

be keen on A A(일)에 열중하다

0206
ambitious [æmbíʃəs]

[1]대망을 품은 [2]열망하고 있는

ambítion 명 대망, 야심

be ambitious to do / be ambitious for[of]
~하고 싶다, ~를 얻으려고 열망하다

0207
responsible [rispɑ́nsəbl]

[1]책임이 있는 [2]신뢰할 수 있는 (= reliable)

irrespónsible 형 무책임한
responsibílity 명 책임

be responsible for A A에 대해 책임이 있는

0208
brave [bréiv]

용기 있는, 용감한 (= courageous)

brávery 명 용감함, 용기

0209
bold [bóuld]

[1]대담한 [2]두드러진, 현저한 [3](문자가) 굵은

0210
tough [tʌ́f]
발음주의

[1]강인한 [2]튼튼한 [3]곤란한, 어려운 (= difficult)

0211
□ **anxious** [ǽŋkʃəs]

[1]걱정하는, 근심하는 (= worried) [2]절망하여 (= eager)

anxíety 명 [1]걱정, 근심 [2]절망

be anxious about A A를 걱정하다
be anxious to do 간절히 ~하고 싶어하다

ex) She's anxious about her father's health.
(그녀는 아버지의 건강을 걱정하고 있다.)
He's anxious to see his parents.
(그는 양친을 만나기를 간절히 원하고 있다.)

0212
□ **thirsty** [θə́ːrsti]

[1]목이 마른 [2]갈망하는

thírst 명 [1]갈증, 목마름 [2]갈망

0213
□ **strict** [stríkt]

[1]엄격한 [2]엄밀한

stríctly 부 [1]엄격히 [2]엄밀히 말하자면

0214
□ **serious** [síəriəs]

[1]진지한, 진담의 [2]중대한

serious illness 심각한 병

0215
□ **patient** [péiʃənt]
발음주의

인내심이 강한
명 환자
impátient 형 성급한, 참을성 없는
pátience 명 인내

0216
□ **sincere** [sinsíər]

성실한, 마음으로부터 우러나는

sincérity 명 성실

0217
□ **polite** [pəláit]

예의바른 (= courteous)

impolíte 형 무례한, 버릇없는

0218
rude [rú:d]

[1]무례한 (= impolite) [2]조잡한, 미가공의

0219
selfish [sélfiʃ]

이기적인

sélf 명 자기, 자신

0220
proud [práud]

[1]뽐내는, 자랑하는 [2]자존심이 있는

príde 명 긍지, 자존심 동 자랑스러워하다

be proud of A = take pride in A = pride oneself on A
A를 자랑스러워하다 [자랑스럽게 여기다]

0221
ashamed [əʃéimd]

부끄러워 하는

be ashamed to do 부끄러워서 ~할 수 없다
be ashamed of A A를 부끄러워 하다

0222
humble [hʌ́mbəl]

[1]겸손한 (= modest, reserved) [2]비천한 [3]보잘것 없는, 초라한

humíliate 동 창피를 주다
humíliating 형 굴욕적인
humílity 명 겸손, 비하

0223
grateful [gréitfəl]

감사하고 있는 (= thankful, obliged)

grátify 동 만족시키다 (= satisfy)
gratificátion 명 만족시키는 것, 만족감
grátitude 명 감사

be grateful to A for B
B(물건 · 일)에 관하여 A(사람)에게 감사하다

0224
□ **earnest** [ə́ːrnist]

진지한, 열심인

명 진지함, 진심

0225
□ **grave** [gréiv]

[1]중대한 (= serious) [2]위엄있는

grávity 명 [1]중력, 인력 [2]중대함
gravitátion 명 중력, 인력

cf) **grave** 명 무덤

0226
□ **innocent** [ínəsnt]
↑ 액센트주의

[1]순진한, 천진난만한 [2]무죄의

ínnocence 명 [1]천진난만 [2]무죄

be innocent of A A(죄)를 범하고 있지 않은

0227
□ **severe** [sivíər]

엄한, 엄중한

sevérity 명 엄격함

0228
□ **diligent** [dílidʒənt]

근면한 (= hardworking, industrious)

díligence 명 근면함

0229
□ **idle** [áidl]

[1]일을 하고 있지 않은 [2]태만한

동 아무 일도 하지 않고 놀고 있다
ídly 부 아무 일도 하지 않은 채, 하는 일 없이

0230
□ **lazy** [léizi]

게으른, 태만한

láziness 명 태만

lazy 보통 일하기 싫어 할 일을 안하고 있다는 나쁜 뜻으로 쓰임
idle 어떤 사정으로 인해, 또는 그저 아무것도 안하고 시간을 보낸다는 뜻으로 쓰임.

ex) The student seems lazy. I seldom see him studying.
(그 학생은 태만한 것 같다. 공부하고 있는 것을 본 적이 없다.)

They are idle today because there is no work for them.
(일이 없어서 그들은 오늘 놀고 있다.)

0231
shy [ʃái]
수줍은

0232
cruel [krú(ː)əl]
잔혹한, 잔인한
crúelty 명 잔혹함

0233
indifferent [indífərənt]
무관심한
indífference 명 무관심
be indifferent to A A에 무관심하다

0234
blind [bláind]
1눈에 보이지 않는 2(장점 등이) 알 수 없는
3앞 뒤를 분간 못하는, 엉터리의
동 1눈을 보이지 않게 하다 2판단력을 빼앗다
명 블라인드
be blind to A A를 알 수 없다, A를 보는 눈이 없다

0235
bright [bráit]
1밝은, 반짝이고 있는 2머리가 좋은
bríghten 동 반짝이게 하다, 반짝이다

0236
intelligent [intélədʒənt]
액센트주의
1지능이 높은 2총명한, 지적인
intélligence 명 1지능 2정보
intélligible 형 이해할 수 있는, 알기 쉬운
artificial intelligence 인공지능

0237
stupid [st(j)ú:pid]
어리석은

0238
□ **silly** [síli]
어리석은, 주책없는

0239
□ **dull** [dʌ́l]
[1](칼이나 통증 등이) 둔한 [2]지루한 (= boring)
[3]머리가 나쁜

0240
□ **bald** [bɔ́:ld]
[1](머리가) 대머리인 [2](나무가) 잎이 없는

cf) **bold** 형 대담한

0241
□ **naked** [néikid]
└ 발음주의
벌거숭이의, 나체의 (= bare)

0242
□ **bare** [gréitfəl]
[1]발가벗은, 노출시킨 [2](일 등이) 있는 그대로의
[3]최저한의, 겨우 ~한

bárely 부 간신히, 가까스로

the bare necessitities of life
겨우 목숨만 건지는게 고작인 생활 물자

0243
□ **ugly** [ʌ́gli]
추한, 못생긴

0244
□ **essential** [isénʃəl]
└ 액센트주의
[1]불가결의 [2]본질적인

명 본질적 요소
éssence 명 본질

0245
□ **complete** [kəmplí:t]
[1]완전한 [2]전부의

동 완성하다
incompléte 형 불완전한
complétion 명 완성

0246
□ **exact** [igzǽkt]

정확한

exáctly 부 정확하게, 꼭

0247
□ **correct** [kərékt]

옳은, 틀림 없는, 적절한

동 정정하다
incorréct 형 부정확한
corréction 명 정정, 수정

0248
□ **evident** [évidənt]

명백한, 분명한

évidence 명 증거

0249
□ **apparent** [əpǽrənt]
└ 액센트주의

[1]명백한 (= evident) [2]보기에 ~인 것 같다 (= seeming)

appárently 부 보기에, 외관상으로는

> **apparent** 보어 : '명백한' / 명사수식 : '보기에 ~인 것 같다'
> **apparently** '외관상으로는, 명백히, 보기에 ~인 것 같다'
>
> *ex*) It is apparent that he told a lie.
> (그가 거짓말 한 것이 분명하다.)
>
> Her apparent anger turned out to be a joke.
> (표면상의 그녀의 화는 농담이었던 것으로 밝혀졌다.)
>
> Apparently he told a lie.
> (명백히 그는 거짓말을 했다.)

0250
□ **precious** [préʃəs]

귀중한, 중요한 (= valuable)

0251
steady [stédi]

[1]안정된 [2]변하지 않은

명 정해진 애인, 단골손님

0252
worth [wə́:rθ]

가치가 있는

명 가치

wórthy 형 가치 있는
wórthless 형 가치가 없는

be worth A　A하는 가치가 있다 (A는 종종 동명사)
be worthy of A　A가 될 가치가 있는

0253
proper [prάpər]

[1]적당한 [2]고유의 [3]본래의

próperty 명 [1]재산 [2]특성
propríety 명 예의바름, 단정함

0254
pure [pjúər]

[1]순수한 [2]깨끗한

púrity 명 [1]순수 [2]맑음

0255
general [dʒénərl]

[1]일반적인 [2]전체적인

명 (군대의) 장군

géneralize 동 일반화하다
generalizátion 명 일반화

0256
principal [prínsəpl]

주요한

명 [1]교장 [2]회장

0257
entire [entáiər]

[1]전체의 [2]완전한

0258
fair [fέər]

[1]공평한 [2]상당한 [3]아름다운 [4]금발의 [5]살결이 흰

명 품평회, 전람회

fáirly 부 [1]공평하게 [2]상당히, 꽤

0259
glorious [glɔ́:riəs]

[1]영광에 넘치는 [2]눈부시게 아름다운 [3]기쁜

glóry 명 [1]영광, 명예 [2]번영

0260
false [fɔ́:ls]

[1]그릇된 [2]거짓말의 [3]거짓의

fálsehood 명 허위, 거짓말

0261
terrible [térəbl]

[1]무서운, 소름끼치는 [2]격렬한, 호된 (= horrible)

térrify 동 무섭게 하다 (공포에 떨게 하다)
térror 명 공포 (= horror)
térribly 부 [1]몹시 [2]무시무시하게

0262
evil [í:vəl] (발음주의)

(도덕적으로) 나쁜, 사악한

명 악

0263
vain [véin]

[1]헛된, 무익한 [2]허영심이 강한

vánity 명 허영심

in vain 헛되게, 무익하게

0264
simple [símpl]

[1]단순한 [2]간소한

símplify 동 간단히 하다
simplícity 명 단순함
símply 부 간소하게, 간단하게

0265
complex [kəmpléks] (액센트주의)

복잡한 (= complicated, intricate)

명 [kɑ́mpleks] [1]합성물 [2](정신분석 용어) 강박관념, 고정관념
compléxity 명 복잡함

inferiority complex 열등감 complex (×)
superiority complex 우월감

0266
□ **broad**
[brɔ́:d]
└ 발음주의

¹넓은, 광범위하게 미치는 ²대체적인

bróaden 동 넓히다, 퍼지다
bréadth 명 폭

0267
□ **narrow**
[nǽrou]

¹폭이 좁은 ²(자원·수입 등이) 부족한, 옹색한

nárrowly 부 간신히, 좁게 (= barely)

have a narrow escape 간신히 도망가다

0268
□ **brief**
[bríːf]

¹단시간의 ²간결한

brévity 명 간결함
bríefly 부 간결하게

to be brief 요컨대, 간단히 말해서 (= in brief)

0269
□ **vast**
[vǽst]

¹광대한 ²막대한

0270
□ **tiny**
[táini]

작은, 조그만한

0271
□ **slight**
[sláit]

근소한, 약간의

0272
□ **thick**
[θík]

¹두꺼운 ²두툼한 ³빽빽한 ⁴(액체·기체가) 진한, 걸쭉한

thícken 동 ¹두텁게 하다 ²진하게 하다

thick soup 진한 수프
strong coffee 진한 커피

0273
thin [θín]

[1]얇은 [2]여윈 [3](잎 등이) 드문드문한
[4](액체·기체가) 묽은, 진하지 않은

thin milk 묽은 우유
weak coffee 묽은 커피

0274
delicate [délikət]
액센트주의

[1]섬세한 [2]취미가 매우 고상한
[3](문제 등이) 미묘해서 취급하기 곤란한

délicacy 명 [1]섬세함 [2]가냘픔 [3]미묘함 [4]진미

0275
fit [fít]

[1]알맞은 (= suitable) [2]적당한 (= proper) [3]건강한

동 [1]알맞다 [2]끼어넣다

fítness 명 [1]적합성 [2]건강 상태, 체력

cf) **fit** 명 (병 · 감정의) 발작

0276
sour [sáuər]
발음주의

[1]시큼한 [2]불쾌해진, 심술궂은

동 시게 하다

sour milk 신 우유
sour remark 심술궂은 말

0277
bitter [bítər]

[1]쓰라린 [2]비통한

bítterly 부 쓰게, 몹시

0278
mere [míər]

단순한, 순전한

mérely 부 그저, 단지

0279
vivid [vívid]

[1]생생한 [2]활발한

0280
□ **live**
[láiv]
↑ 발음주의

[1]살아있는 (= living) [2](연주 등이) 생의

lívely 형 생생한 (= vivid) 부 힘차게, 생생하게

0281
□ **common**
[kámən]

[1]공통의 [2]흔히 볼 수 있는 [3]공공의

uncómmon 형 보기 드문
cómmonly 부 일반적으로, 보통은

have A in common with B A를 B와 공통으로 갖다
common sense 상식 (= common knowledge)

0282
□ **normal**
[nɔ́:rməl]

표준의, 정상적인

abnórmal 형 이상한, 보통과 다른

0283
□ **strange**
[stréindʒ]

[1]기묘한 [2]미지의 [3]익숙치 않은

stránger 명 [1]낯선 사람 [2]생소한 사람

I am a stranger here. 여긴 처음입니다.

0284
□ **singular**
[síŋgjələr]

[1]단수(형)의 [2]비범한

singulárity 명 [1]비범 [2]단독

0285
□ **peculiar**
[pikjú:ljər]

[1]고유의 [2]괴팍한

peculiárity 명 특성, 별난 습관

be peculiar to A A의 특유의

0286
□ **horrible**
[hɔ́(:)rəbl]
↑ 발음주의

무서운 (= terrible)

hórrify 동 소름끼치게 하다 (= terrify)
hórror 명 공포 (= terror)

0287
□ **academic**
[ækədémik]
└ 액센트주의

[1]학문의, 학구적인 [2]학원의, 대학의

명 학구적인 사람
acádemy 명 [1]전문학교 [2]학회, 협회

0288
□ **political**
[pəlítikl]
└ 액센트주의

정치의

pólitics 명 [1]정치 [2]정치학
politícian 명 정치가
pólicy 명 정책

0289
□ **logical**
[ládʒikəl]

논리(학)적인

illógical 형 비논리적인
lógic 명 논리(학)
lógically 부 논리적으로, 필연적으로

0290
□ **moral**
[mɔ́:rl]

[1](선·악에 관한) 도덕상의 [2]정신적인
명 [1]교훈 (= lesson) [2](pl.) 도덕

immóral 형 부도덕한
morálity 명 도덕, 도덕성
moralístic 형 교훈적인, 도덕주의의

cf) **morale** [mərǽl] 명 (군대의) 의욕·사기

0291
□ **liberal**
[líbrəl]

[1]자유주의의 [2]도량이 넓은 (= generous)

líberate 동 해방하다
liberátion 명 해방, 석방
líberty 명 (폭력적 지배, 억압으로부터의) 자유 (=freedom)

0292
□ **vital**
[váitl]

[1]생명 유지에 필요한 [2]활기있는 [3]생사가 걸린, 치명적인

vitálity 명 [1]활력 [2]생명력

vital wound 치명상
vital power 생명력

0293
□ **chemical** [kémikəl]

화학의, 화학적인

동 화학제품, 약품, 화학물질

chémist 명 [1]화학자 [2]약제사, (~'s) 약국
chémistry 명 화학

0294
□ **gigantic** [dʒaigǽntik]

거대한, 방대한

0295
□ **ancient** [éinʃənt]
└ 발음주의

[1]고대의, 옛날의 [2]옛부터의

ancient times 고대
medieval times 중세
modern times 근대, 현대

0296
□ **up-to-date** [ʌ́ptədéit]

최신의

óut-of-dáte 형 구식의, 낡은

0297
□ **contemporary** [kəntémpərèri]
└ 액센트주의

[1]현대의 [2]동시대의

명 [1]현대 사람 [2]동시대 사람

0298
□ **previous** [príːviəs]
└ 발음주의

이전의

0299
□ **recent** [ríːsnt]

최근의

récently 부 최근 (= lately)

recently는 현재완료 또는 과거완료의 동사와 사용된다.
현재형의 동사일 때는 these days를 쓴다.

ex) Recently I bought a new car.
(최근에 새 차를 샀다.)

0300
□ **annual** [ǽnjuəl]
연 1회의, 매년의

0301
□ **permanent** [pə́ːrmənənt] (액센트주의)
영구적인
pérmanence 명 영구불변

0302
□ **former** [fɔ́ːrmər]
전의, 이전의
명 (the–) 전자 ↔ the latter 후자

0303
□ **latter** [lǽtər]
뒤쪽의, 후반의
명 (the–) 후자 ↔ the former 전자

0304
□ **public** [pʌ́blik]
[1]공공의 [2]공개의
명 (the –) 대중
publícity 명 [1]지명도, 일반에게 알려져 있음 [2](선전용) 기사, 정보

0305
□ **popular** [pɑ́pjulər]
[1]인기 있는 [2]대중적인
populárity 명 인기, 대중성
be popular among [with] A A에 인기가 있다

0306
□ **individual** [indəvídʒuəl] (액센트주의)
[1]개인적인 [2]개개의 [3]독특한 (= unique)
명 개인
indivídualism 명 개인주의
individuálity 명 개성
individualístic 형 개인주의의

0307
□ **sole** [sóul]
유일의, 하나뿐인
sólely 부 [1]혼자서 (= alone) [2]단지 (= only)

0308
□ **independent**
[indipéndənt]

1독립한 2관계가 없는

independénce 명 독립

be independent of A A로부터 독립하다
↔ **be dependent on A** A에 의존하다

0309
□ **equal**
[íːkwəl]
ㄴ 액센트주의

1동등한, 필적하는 2감당하는

명 (능력이) 동등한 사람

equálity 명 평등, 같은 것

be equal to A A를 감당할 수 있다 (A는 명사, 동명사)

ex) He is equal to doing the work.
(그는 그 일을 감당할 수 있다.)

0310
□ **absent**
[ǽbsənt]

1결석의, 부재의 2결여된 3방심상태의, 멍하고 있는

동 [æbsǽnt] 결석하다, 있지 않다

ábsence 명 1결석, 부재 2없는 것

be absent from A A에 결석하다
(= absent oneself from A)

0311
□ **senior**
[síːnjə*r*]

1연상의 2(직책·지위 등이) 상급의

명 연장자, 선배

be senior[junior] to A A보다 연상[연하]이다
senior와 junior는 명사로도 사용된다.

ex) He is three years my senior[junior].
= He is senior[junior] to me by three years.
(그는 나보다 3년 연상[연하]이다.)

0312
□ elderly
[éldərli]

초로의, 연배의

0313
□ convenient
[kənvíːnjənt]

편리한, 형편이 좋은

inconvénient 형 불편한
convénience 명 [1]편리함 [2]편리한 물건
inconvénience 명 불편, 형편이 나쁨

> convenient는 사람을 주어로 할 수 없다.
> *ex*) Let's go to the movie if it is convenient to [for] you.
> (시간 · 사정이) 괜찮으면 영화 보러 가자.

0314
□ ready
[rédi]

[1]준비가 된 [2]기꺼이 ~ 하다

réadily 부 [1]쉽사리, 서슴없이 (= willingly)
[2]용이하게 (= easily)

> **be ready to do** ~할 준비가 되어 있다

0315
□ conscious
[kánʃəs]

[1]의식하고 있는 [2]의식이 있는

uncónscious 형 모르는, 무의식의

0316
□ capable
[kéipəbl]

[1](~하는 것을) 할 수 있다 [2]유능한

incápable 형 능력이 없는, 할 수 없는
capabílity 명 능력
capácity 명 [1]수용력, 용량 [2]능력

> **be capáble of doing** ~하는 것을 할 수 있다

0317
□ typical
[típikəl]
└ 발음주의

[1]전형적인 [2]특징을 보여주고 있는

> **be typical of A** A를 대표하다, 상징하다
> *ex*) It is typical of her to say "no"
> ("no"라고 말하는 것이 전형적인 그녀답다.)

0318
☐ **familiar**
[fəmíljər]
액센트주의

¹잘 알려진 (= well-known) ²정통하고 있는

unfamíliar 형 잘 알려지지 않은
familiárity 명 ¹친숙함 ²정통하고 있는 것

be familiar to A A(사람)에게 잘 알려지다
be familiar with A A(물건)를 잘 알고 있다, 숙지하고 있다
ex) The history of the country is quite familiar to us.
= We are quite familiar with the history of the country.
(우리는 그 나라의 역사를 잘 알고 있다.)

0319
☐ **aware**
[əwέər]

알아차린, 알고 있는

unawáre 형 알아차리지 않은
awáreness 명 ¹인식 ²알아차리고 있는 것

0320
☐ **empty**
[émpti]

¹빈 ²사람이 없는, 비어 있는

동 비우다, 없어지게 하다

empty house 사람이 살고 있지 않은 집
vacant[unoccupied] seat 비어 있는 자리

0321
☐ **short**
[ʃɔ́ːrt]

¹(길이·시간·거리 등이) 짧은 ²(돈·분량 등이) 부족한

부 ¹짧게, 간결히 ²돌연, 갑자기

shórten 동 짧게 하다
shórtage 명 부족
shórtcut 명 지름길

be[run] short of A A가 부족하다
fall short of A A (기대 등)에 미치지 못하다
in short 짧게 말하면

0322
fruitful [frúːtfəl]

[1]열매를 많이 맺는, 결실이 않은 [2]비옥한, 기름진 (= fertile)

frúitless 형 무익한, 헛된
frúit 명 과실, 과일

0323
loose [lúːs] ㄴ 발음주의

[1]풀린, 꽉 죄지 않는 [2](옷 등이) 헐렁한 [3](종이 등이) 차곡차곡 쌓여있지 않은 [4](말·생각이) 부정확한

lóosen 동 늦추다

0324
tight [táit]

[1]빈틈이 없는, 팽팽한 [2](예정 등이) 꽉 차 있는 [3](거래가) 적은 [4]돈에 인색한

부 [1]단단히, 세게 [2]충분히

tíghten 동 튼튼하게 조이다

be tight with (one's) money 돈에 인색하다

0325
smooth [smúːð] ㄴ 발음주의

매끄러운

동 매끄럽게 하다

0326
rough [rʌ́f] ㄴ 발음주의

[1]다듬지 않은 [2]난폭한 대충 [3]틀만 잡은

rough weather 악천후
have a rough time 혼쭐나다, 애를 먹다

0327
possible [pɑ́səbl]

[1]가능한 [2]있을 수 있는

impóssible 형 불가능한, 있을 수 없는
possíbility 명 가능성
póssibly 부 아마, 혹시

A(사람)가 ~ 할 수 있다 [하지 못하다]
A is possible [impossible] to do (×)
→ **It is possible [impossible] for A to do.** (○)

cannot possibly do 도저히 ~할 수 없다

0328
□ **raw**
[rɔ́ː]

[1]날것의 [2]경험이 없는, 미숙한

raw materials 원료

0329
□ **universal**
[juːnəvə́ːrsəl]
↑ 액센트주의

[1]보편적인 [2]전세계의 [3]우주의

úniverse 명 우주, 삼라만상
universálity 명 [1]보편성 [2]만능, 박식

0330
□ **local**
[lóukəl]

[1]그 지방의, 지방의 [2]각역 정차의 (완행)

locálity 명 [1]부근 [2]지방

local 에는 '시골' 이라는 뜻이 없음에 주의.

cf) rural 시골

0331
□ **tropical**
[trάpikəl]

열대의, 열대성의

trópic 명 (the –s) 열대지방

0332
□ **marine**
[məríːn]

바다의

0333
□ **solar**
[sóulər]

태양의

the solar system 태양계
solar energy 태양에너지
lunar 달의, 음력의

0334
□ **mechanical**
[məkǽnikl]
└ 액센트주의

기계적인, 기계의

mechánic 명 기계공
machíne 명 기계
machínery 명 기계류
méchanism 명 [1]기계장치 [2]구조, 메커니즘

machine 각각의 기계를 가리키는 가산명사
machinery 기계류 전체를 가리키는 불가산명사

0335
□ **electric**
[iléktrik]

전기의

electrícity 명 전기
eléctrical 형 전기의, 전기에 관한

electric current 전류
electrical appliance 전기기구

0336
□ **casual**
[kǽʒ(j)uəl]

[1]무심결의 [2]우연의, 우발적인 [3]평상복의, 캐주얼한

0337
□ **frequent**
[fríːkwənt]
└ 액센트주의

자주 일어나는, 상습적인

동 [friːkwént] 번번히 가다

· fréquency 명 [1]빈도 [2]주파수

0338
□ **deaf**
[déf]
└ 발음주의

[1]귀가 들리지 않는 [2](사람의 말에) 귀를 기울이지 않는

déafen 동 (사람의) 귀를 들리지 않게 하다

0339
□ **distant**
[dístənt]

(거리 등이) 먼

dístance 명 거리

0340
□ **rare**
[rέər]

흔치 않은, 진귀한

rárely 부 거의 ~ 하지 않다 (= seldom)

0341
□ **fluent**
[flú(:)ənt]

유창한

flúency 명 유창함

0342
□ **similar**
[símələr]

유사한

dissímilar 형 비슷하지 않은
similárity 명 유사

be similar to A A와 비슷한, 유사한

0343
□ **specific**
[spisífik]
└ 액센트주의

[1]명확한 [2]특유의

spécify 동 명확히 말하다
specífically 부 [1]특히 [2]명확히

0344
□ **foreign**
[fɔ́(:)rin]
└ 발음주의

[1]외국의 [2]이질의, 고유의 것이 아닌 *ex)* foreign body 이물질

fóreigner 명 외국인

0345
□ **eternal**
[itə́:rnl]

영원의, 영구의

etérnity 명 영원

0346
□ **lone**
[lóun]

혼자의, 동반자가 없는

lónely 형 고독한, 적적한
lónesome 형 고독한 (lonely보다 의미가 강함)

0347
□ **dumb**
[dʌ́m]
└ 발음주의

[1]말 못하는, 벙어리의 [2](구어로) 멍청한, 어리석은

0348
□ **solid**
[sɑ́lid]

[1]고체의 [2]튼튼한

0349
☐ **gloomy**
[glúːmi]

[1]우울한 [2]음울한, 침울한

glóom 명 [1]우울 [2]어두침침함

0350
☐ **so-called**
[sóukɔ́ːld]

소위, 이른바

0351
☐ **close**
[klóus]
└ 발음주의

[1](시간·공간이) 가까운 [2]친밀한
[3]면밀한 (= careful) *ex)* close observation 면밀한 관찰

동 [klóuz] [1]닫다, 닫히다 [2]끝내다, 끝나다
명 [klóuz] 끝
부 바로 가까이에

clósely 부 [1]면밀히 [2]밀접히

0352
☐ **necessary**
[nésəseri]

[1]필요한 [2]필연적인

unnécessary 형 불필요한
necessárily 부 필연적으로, 반드시
necéssitate 동 필요로 하다
necéssity 명 필연성, 필요한 물건

> You are necessary to read the book.(×) 사람주어 올 수 없음
> → **It is necessary for you to read the book.** (○)
> (너는 그 책을 읽을 필요가 있다.)

0353
☐ **scarce**
[skɛ́ərs]

결핍한, 불충분한

scárcity 명 부족
scárcely 부 거의 ~없다 (= hardly)

0354
□ **hardly**
[háːrdili]

부 거의 ~ 없다

cf) **hard** 열심히

0355
□ **mostly**
[móustli]

부 대체적으로, 주로

0356
□ **largely**
[láːrdʒli]

부 주로, 크게

0357
□ **nearly**
[níərli]

부 [1]거의, 대략 [2]하마터면 (~할 뻔하여)

not nearly 거의 ~ 하지 않다 (= not at all)

0358
□ **lately**
[léitli]

부 최근 (= of late)

→ 보통 현재완료형과 함께 사용되며 현재형과 같이 사용하지 않는다.

0359
□ **therefore**
[ðέərfɔːr]
액센트주의

부 그러므로, 따라서

0360
□ **nevertheless**
[nevərðəlés]

부 그런데도 불구하고 (= nonetheless)

0361
- idea [aidíːə] └ 액센트주의

¹생각 ²관념, 사상 ³착상, 아이디어

0362
- cause [kɔ́ːz]

¹원인 ²주의, 주장
동 ¹일으키다 ²시키다, 하게 하다

cause A to do A에게 ~을 시키다
cause A B A에게 B를 하게 하다

0363
- result [rizʌ́lt]

¹결과 ²(시험 등의) 성적
동 ¹생기다 ²끝나다

result from A A라는 원인으로부터 생기다
result in A A라는 결과로 끝나다

0364
- influence [ínfluəns] └ 액센트주의

영향, 영향력
동 영향을 끼치다
influéntial 형 유력한, 영향력이 있는

have an influence[impact, effect] on A
A에 영향을 끼치다

0365
- experience [ikspíəriəns] └ 액센트주의

경험
동 경험하다 (= go through)
expérienced 형 경험을 가진, 노련한

0366
☐ **lecture**
[léktʃər]

강의, 강연
통 [1]강연하다 [2]설교하다

lecture on[about] A A에 관한 강연

0367
☐ **experiment**
[ikspérəmənt]
└ 액센트주의

실험
통 실험하다
experiméntal 형 실험의

0368
☐ **process**
[prɑ́ses]

[1]과정, 공정 [2]진행
통 (식품을) 가공처리하다
procéed 통 진행하다
procéssion 명 [1]행렬 [2]행진

0369
☐ **research**
[risə́ːrtʃ]

[1]연구 [2]조사
통 [1]연구하다 [2]조사하다
reséarcher 명 연구자

0370
☐ **phenomenon**
[finɑ́mənɑn]

현상

(*pl.*) phenomena [finɑ́mənə] → 발음주의

0371
☐ **review**
[rivjúː]

[1]복습 [2]비평 [3]회고
통 [1]복습하다 [2]비평하다

0372
☐ **element**
[éləmənt]

[1]요소 [2]원소 [3](the -s) 자연의 힘
eleméntal 형 [1]기본적인 [2]자연의
eleméntary 형 초보의

elementary school 초등학교

0373
☐ **factor**
[fǽktər]

요인, 요소

0374
□ **function** [fʌ́ŋkʃən]
기능, 역할
동 기능하다
fúnctional 형 기능의

0375
□ **impact** [ímpækt]
1충격 2(강한) 영향

0376
□ **medicine** [médəsin]
1약 2의학(= medical science)
médical 형 의학의

0377
□ **poison** [pɔ́izn]
독
동 독을 넣다
póisonous 형 유독한

0378
□ **disease** [dizí:z]
└ 발음주의
병, 질병

0379
□ **ache** [éik]
└ 발음주의
아픔, 통증
동 아프다

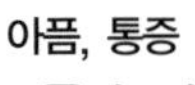

0380
□ **pain** [péin]
1고통, 고뇌 2(pl.) 힘든 일
páinful 형 1아픈 2힘든
páinstaking 형 애쓴, 근면한

take pains 힘이 들다, 노력하다

0381
□ **fever** [fí:vər]
1열 2열광
féverish 형 1열이 있는 2열광적인

0382
□ **eyesight** [áisait]
시력, 시야

0383
☐ **exercise**
[éksərsaiz]

¹운동 ²연습 ³(권력 등의)행사
동 ¹운동시키다 ²(영향 등을) 끼치다

0384
☐ **muscle**
[mʌ́səl]
└ 발음주의

근육, 근력
múscular 형 ¹근육의 ²근육이 발달한

0385
☐ **sweat**
[swét]
└ 발음주의

¹땀 ²고역, 힘든 일
동 ¹땀흘리다 ²땀흘리며 일하다
swéater 명 스웨터

0386
☐ **culture**
[kʌ́ltʃər]

¹문화 ²교양 ³재배
cúltural 형 ¹문화의 ²재배상의

man of culture 교양이 있는 사람
the culture of roses 장미의 재배

0387
☐ **civilization**
[sivəlizéiʃən]

¹문명 ²문명화
cívilize 동 문명화하다
cívilized 형 문명화한
civílian 명 (군인·성직자에 대한) 일반인, 민간인
cívil 형 ¹시민으로서의 ²국내의 ³예의 바른
civílity 명 예의바름

civil war 내란
the Civil War (대문자로 쓰일 때) 미국의 남북전쟁, 스페인 내란 등 개별 국가의 특정 내란을 가리킴

0388
☐ **custom**
[kʌ́stəm]

¹(사회의) 관습, (개인의) 습관 ²(상점 등에 대한) 단골
형 주문한, 맞춤의

cústomary 형 관습적인
cústomer 명 (상점 등의) 고객

customs (*pl.*) 세관, 관세
custom clothes 주문복

0389
- **agriculture** [ǽgrikʌltʃər] (액센트주의)

농업
agricúltural 형 농업의

0390
- **fortune** [fɔ́:rtʃən]

[1]운 [2]행운 [3]재운
misfórtune 명 불운
fórtunate 형 행운의, 운이 좋은
fórtunately 부 다행히도

0391
- **vocabulary** [voukǽbjuleri] (액센트주의)

어휘

0392
- **accent** [ǽksent]

[1]액센트 [2]사투리

ex) He speaks with a Kyongsang-do accent.
(그는 경상도 사투리로 이야기한다.)

0393
- **slang** [slǽŋ]

속어

0394
- **proverb** [prɑ́və:rb]

속담 (= saying)
provérbial 형 [1]속담의 [2]잘 알려진, (~으로) 소문난

0395
□ **fiction**
[fíkʃən]

[1]소설 [2]만든 이야기, 허구

nonfíction 명 논픽션 (소설이나 허구가 아닌 전기·역사·사건 기록 따위)
fíctional 형 만든 이야기의, 가공의

0396
□ **rumor**
[rú:mər]

소문

통 소문내다

0397
□ **tradition**
[trədíʃən]

[1]전통 [2]전설

tradítional 형 [1]전통적인 [2]전설의

0398
□ **ancestor**
[ǽnsestər]
└ 액센트주의

선조, 조선

áncestry 명 (집합적으로) 조상 (전체)

0399
□ **heaven**
[hévən]

[1]천국 [2](Heaven) 신

héavenly 형 [1]천국의 [2]천국과 같은, 기쁨이 가득한

cf) **earthly / wordly**
(천국에 대해) 이 세상의, 이승[현세]의

0400
□ **hell**
[hél]

지옥

0401
□ **planet**
[plǽnit]

혹성

0402
□ **globe**
[glóub]
└ 발음주의

[1](the –) 지구 [2]구체

glóbal 형 [1]세계적인 [2]전체적인

0403
□ **continent**
[kántənənt]

대륙

continéntal 형 대륙의, 대륙적인

0404
□ **territory**
[térətɔ:ri]

[1]영토 [2](활동 등의) 영역

territórial 형 영토의

0405
nation [néiʃən]

[1]국가 [2]국민

nátionalize 동 국유화하다
nátionalism 명 민족주의, 국수주의
nationálity 명 국적
nátional 형 [1]국가의 [2]국민의

0406
region [ríːdʒən]

[1]지역 [2]지방 [3]분야

régional 형 [1]지역의 [2]지방의

region은 area나 district보다 넓은 지역을 가리킴.
ex) the tropical regions 열대지방

0407
community [kəmjúːnəti]
액센트주의

[1]지역사회 [2](이해 등을 같이하는) 공동사회, 집단

0408
folk [fóuk]
발음주의

사람들

fólklore 명 [1]민간 전승 [2]민속학

0409
population [pɑpjuléiʃən]

[1]인구 [2]주민

pópulous 형 인구가 많은

a large[small] population 많은[작은] 인구
→ many, much를 쓰지 않음에 주의
population explosion 인구의 급증

0410
climate [kláimit]
발음주의

[1]기후 [2]풍토

climátic 형 [1]기후의 [2]풍토적인

climate 한 지방의 연간 평균 기상 상태
ex) tropical climate 열대성 기후
weather 특정 장소, 시간의 기상 상태
ex) It's fine weather today.

0411
temperature [témpərətʃər]
[1]온도 [2]체온 [3]고열

0412
stream [stríːm]
[1]내, 시내 [2]흐름
동 흐르다

0413
flood [flʌ́d] ← 발음주의
홍수, 범람
동 [1]범람시키다 [2]쇄도하다

0414
fuel [fjú(ː)əl]
연료

0415
gas [gǽs]
[1](물리) 가스, 기체 [2](구어) 휘발유, 가솔린 (= petrol)

gas[petrol] station 주유소

0416
purpose [pə́ːrpəs]
목적 (= aim, end, object)
púrposeful 형 [1]목적이 있는 [2]고의의

on purpose 고의로 (= intentionally, deliberately)

0417
means [míːnz]
[1]수단 [2]재산

by means of A A에 의해
by all means 반드시
by no means 결코 ~가 아니다
man of means 재산가

0418
method [méθəd]
방법
methódical 형 [1](일의 진행이) 질서정연한, 조직적인 [2]방법의
methodólogy 명 방법론

0419
power [páuər]
[1]힘 [2]권력 [3]강국
pówerful 형 강력한
world economic power 세계의 경제대국

0420
duty [d(j)ú:ti]
[1]의무 [2]직무 [3](상업) 세금
dúty-free 형 면세의
dútiful 형 직무에 충실한

0421
vote [vóut]
[1]투표 [2]투표권
동 투표하다

0422
sword [sɔ́:rd]
└ 발음주의
[1]검 [2]무력

0423
bomb [bám]
└ 발음주의
폭탄
동 폭격하다
bombárd 동 폭격하다

0424
crime [kráim]
범죄
críminal 형 범죄의 명 범죄자

0425
prison [prízn]
형무소
impríson 동 투옥하다
imprísonment 명 투옥, 감금
prísoner 명 죄수

0426
penalty [pénəlti]
└ 액센트주의
[1]벌금 [2]형벌

0427
- pioneer [paiəníər] (액센트주의)

선구자, 개척자

0428
- slave [sléiv]

노예
slávery 명 노예제도

0429
- poverty [pávərti]

빈곤
póor 형 [1]가난한 [2]불쌍한 [3]서투른

0430
- wealth [wélθ]

부, 재산
wéalthy 형 유복한 (= rich)

0431
- income [ínkʌm]

수입

low[small] income 작은 수입
high[large] income 많은 수입
→ cheap, expensive는 사용할 수 없음에 주의.

0432
- tax [tǽks]

[1]세금 [2]무거운 부담
동 [1]세금을 과하다 [2]무거운 부담을 과하다

0433
- debt [dét] (발음주의)

[1]빚 [2]은혜

0434
- sum [sʌ́m]

[1]합계 [2]금액 [3]개요
동 요약하다
súmmary 명 요약

to sum up 요약하면.

0435
- truth [trú:θ]

진실, 사실
trúe 형 [1]정말의 [2]조금도 틀림없는, 정당한 [3]충실한

be true of A A에 조금도 틀림없다
ex) This is true of what he said.
(이것은 그가 말한 바와 조금도 틀림없다.)
be true to A A에 충실하다
ex) This translation is true to the original.
(이 번역은 원문에 충실하다.)

0436
knowledge [nɑ́lidʒ] ㄴ 발음주의

지식

to (the best of) one's knowledge
~이 알고 있는 바로는, 틀림없이

0437
notion [nóuʃən]

1관념 2의견

0438
doubt [dáut] ㄴ 발음주의

의심

동 의심하다

dóubtful 형 (일이) 의심스러운, (사람이) 의심을 품고 있는
dóubtless 부 의심할 여지없이
undóubtedly 부 의심할 여지가 없는

0439
principle [prínsəpl]

1원리 2주의

cf) **principal** 형 주요한

0440
theory [θí(:)əri]

1이론 2학설

theorétical 형 이론적인

0441
□ **intellect**
[íntəlekt]
└ 액센트주의

지성, 지력
intelléctual 형 지적인

> **intelligent** (사람·동물이) 지능이 높아 전반적인 이해력이 있는
> **intellectual** (사람이) 이지적이며 고도의 지식이 있는

0442
□ **wisdom**
[wízdəm]

지혜, 현명함
wíse 형 현명한

0443
□ **irony**
[áiərəni]

반어, 빈정댐

0444
□ **wit**
[wít]

¹기지, 위트 ²지혜, 지력 ³재주꾼
wítty 형 재치있는

> **at one's wits' [wit's] end** 어찌 할 바를 모르고

0445
□ **nephew**
[néfju:]

(남자) 조카

> *cf)* **niece** (여자) 조카

0446
□ **infant**
[ínfənt]

¹유아 ²미성년자
형 유아(기)의
ínfancy 명 유년시대

0447
□ **kid**
[kíd]

¹어린이 ²새끼 염소
동 놀리다, 조롱하다

> **No kidding!** 정말! 설마~! 농담하지마!
> **You're kidding.** 농담이겠지.

0448
□ **youth**
[jú:θ]

¹청춘시대 ²젊음 ³젊은 사람
yóuthful 형 젊은, 팔팔한

0449
□ **neighbor**
[néibər]

[1]이웃 [2]동포
néighborhood 명 [1]근처 [2](집합적) 이웃[근처]

0450
□ **routine**
[ruːtíːn]
└ 액센트주의

정해진 일, 일과
형 일상의, 정기적인

0451
□ **household**
[háushould]

가족 (전원), 세대
형 [1]가족의 [2]가사의

household expenses 가계비

0452
□ **furniture**
[fə́ːrnitʃər]

가구

집합명사이므로 복수형(--s)으로 쓸 수 없다.
a piece of, an article of를 사용하여 개수를 나타낸다.

0453
□ **shelf**
[ʃélf]

선반

0454
□ **height**
[háit]
└ 발음주의

[1]높이, 신장 [2](pl.) 고지 [3]절정
hígh 형 높은
heíghten 동 높게 하다

0455
□ **length**
[léŋkθ]
└ 발음주의

길이
lóng 형 긴
léngthen 동 길게 하다, 길게 되다

0456
□ **shape**
[ʃéip]

[1]모양, 형 [2]상태
동 꼴을 이루다 (=form)

in shape (건강이) 호조로운

0457
square [skwέər]

[1]정방형 [2](네모난) 광장 [3]제곱

형 [1]정방형의, 사각의 [2]평방의, (구어로) 공명정대한

ten square meters 10 평방미터

0458
philosophy [filάsəfi]
액센트주의

[1]철학 [2]원리

philósopher 명 철학자
philosóphic(al) 형 [1]철학의 [2]냉정한, 이성적인

0459
thought [θɔ́ːt]

[1]생각 [2]사상 [3]사려, 숙고

thóughtful 형 [1]사려 깊은 [2]인정 있는
thóughtless 형 [1]경솔한 [2]불친절한, 인정없는

0460
religion [rilídʒən]

[1]종교 [2]신앙

relígious 형 [1]종교의 [2]신앙심이 깊은

0461
superstition [s(j)uːpərstíʃən]

미신

superstítious 형 미신의

0462
charm [tʃάːrm]

[1]매력 [2]부적

동 [1]황홀하게 하다 [2]마법을 걸다
chárming 형 매력적인

0463
chance [tʃǽns]

[1]기회 [2]가능성, 전망 [3]우연

동 우연히 ~ 하다

by chance 우연히 (= by accident)
on purpose 고의로
(The) chances are that 절 아마 ~일 것이다
It chances that 절 종종 ~하다

0464
□ **opportunity** [ɑpərtjúːnəti]
└ 액센트주의

기회, 호기

0465
□ **occasion** [əkéiʒən]
└ 발음주의

경우, 기회

occásional 형 이따금식의

on occasions 때때로 (= occasionally)

0466
□ **affair** [əfέər]

[1]일, 사건 [2](막연한) 사정 [3](매일의) 사무, 일

world affairs 세계정세
the state of affairs 사태, 정세

0467
□ **incident** [ínsədənt]

일어난 일, 작은 사건

incidéntal 형 [1]부수하여 일어나는 [2]우연의

0468
□ **emotion** [imóuʃən]

[1]감정 [2]감동

emótional 형 감정적인, 감정에 호소하는

0469
□ **delight** [diláit]

[1]기쁨 [2]기쁨을 가져다 주는 것

동 기쁘게 하다, 즐겁게 하다
delíghtful 형 대단히 기쁜
delíghted 형 아주 기뻐하는

0470
□ **sorrow** [sárou]

[1]슬픔 [2]비애, 애통한 일

sórrowful 형 슬픈

0471
□ **pity** [píti]

[1]불쌍히 여김 [2]유감스러운 일

동 불쌍히 여기다
pítiful 형 가엾은, 딱한

It is a pity that 절 ~인 것은 유감이다

0472

☐ **relief**
[rilíːf]

[1]안심 [2](고통 등의) 제거 [3]구원

relíeve 동 [1]안심시키다 [2]제거하다

relieve A of B A에서 B를 제거하다[구원하다]

0473

☐ **desire**
[dizáiər]

욕망, 요구

동 원하다

desírable 형 바람직한, 탐나는
desírous 형 원하는, 바라는

leave nothing to be desired 미흡한 점이 없다
leave much to be desired 불만인 점이 많다

0474

☐ **comfort**
[kʌ́mfərt]

[1]쾌적함 [2]위안, 위안을 주는 것[사람]

동 위안하다, 기운내게 하다

discómfort 명 불쾌
cómfortable 형 쾌적한

Make yourself comfortable[at home].
(집처럼) 편하게 있으세요.

0475

☐ **sympathy**
[símpəθi]

[1]동정 [2]공감

antípathy 명 반감
sýmpathize 동 [1]동정하다 [2]공감하다
sympathétic 형 [1]동정적인 [2]공감한

0476
□ **passion** [pǽʃən]

정열, 격정

pássionate 형 정열적인

0477
□ **courage** [kə́ːridʒ]
└ 발음주의

용기 (= bravery)

courágeous 형 용기 있는 (= brave)

0478
□ **ease** [íːz]

1용이함 2평안함

동 (고통 등을) 진정[완화] 시키다
éasy 형 1용이한 2안락한
éasily 부 용이하게 (= with ease)

> **at ease** 마음 편하게
> **feel at ease** 침착하다, 마음이 가라앉다

0479
□ **sigh** [sái]

탄식

동 탄식하다

0480
□ **advantage** [ədvǽntidʒ]

이익, 이점

disadvántage 명 불리
advantágeous 형 유리한, 사정이 좋은, 편리한

> **take advantage of A** A를 이용하다

0481
□ **favor** [féivər]

1호의 2지지

동 1찬성하다 2편들다
fávorable 형 1호의를 보이는 2형편이 좋은, 순조로운
fávorite 형 가장 좋아하는 명 특히 좋아하는 물건

0482
□ **fun** [fʌ́n]

1즐거움 2장난, 놀이

fúnny 형 익살맞은

> fun은 불가산명사이므로 관사 a를 붙이거나 복수형으로 쓸 수 없다.

0483
□ **period** [píəriəd]

[1]기간 [2]시기, 시대 (= age, era) [3]마침표

periódic 형 주기적인
periódical 형 정기간행의 명 정기간행물

0484
□ **epoch** [épək]

신시대, 시대

épоch-making 형 획기적인, 신기원을 이루는

0485
□ **date** [déit]

[1]날짜, 년월일 [2]데이트

동 [1](편지 · 문서에)날짜를 기입하다 [2]데이트 하다
[3](사물 · 사건이) 어느 시대를 나타내다

out of date 시대에 뒤떨어진
up to date 최신의
date back to A A까지 (일자를) 소급하다
ex) The custom dates back to the 17th century.
(그 관습은 17세기까지 소급된다.)

0486
□ **decade** [dékeid]

10년간

0487
□ **century** [séntʃəri]

세기

0488
□ **interval** [íntərvəl]
└ 액센트주의

[1](시간 · 공간의) 간격 [2](연극 · 연주의) 막간, 휴식 시간

at intervals 띄엄띄엄, 여기저기에

0489
□ **vision** [víʒən]

[1]시력 [2]통찰력, 상상력, 미래상 [3]환상

vísual 형 시각에 관한
vísible 형 [1]눈에보이는 [2]명확한
invísible 형 눈에 보이지 않는

0490
scene [síːn] (발음주의)
[1](행위·사건의) 장면 [2](연극) 장면 [3]경치
scénery 명 풍경
scénic 형 풍경의

> scene 가산명사로 셀 수 있다.
> scenery 불가산명사로 셀 수 없다.

0491
sight [sáit]
[1]광경 [2]시력 [3]시야

> catch sight of A A를 발견하다
> lose sight of A A를 놓치다

0492
landscape [lǽndskeip]
(육지의) 경치

0493
spectacle [spéktəkl]
[1]장관, 볼만한 것 [2]구경거리 [3](pl.) 안경 (= glasses)
spectácular 형 장관의, 구경거리의

0494
reputation [repjutéiʃən]
[1]평판 [2]명성
réputable 형 [1]평판이 좋은 [2]훌륭한

0495
fame [féim]
명성
fámous 형 유명한

0496
honor [ánər]
[1]명예 [2]경의
동 [1]영예를 주다 [2]존경하다
hónorable 형 존경할 만한

0497
status [stéitəs]
[1]지위 [2]상황

0498
manufacture [mænjufǽktʃər] (액센트주의)
[1]제조 [2](pl.) 제품
동 제조하다
manufácturer 명 제조업자

0499
- **goods** [gúdz]

[1]상품 (= commodity) [2]재산, 소유물 [3](승객에 대하여 철도) 화물

수사나 many와 함께 쓸 수 없음에 주의.

0500
- **commodity** [kəmάdəti]

상품, 일용품

household commodities 가정용품

0501
- **profit** [prάfit]

이익 (= benefit)

동 이익을 얻다

prófitable 형 [1]이익이 많은 [2]유익한

0502
- **merit** [mérit]

장점

동 영향을 끼치다

demérit 명 결점

0503
- **traffic** [trǽfik]

교통

a traffic jam 교통 정체

0504
- **vehicle** [víːikl]

[1]교통수단 [2]전달수단, 매체

0505
- **wheel** [*h*wíːl]

[1]차 바퀴 [2](자동차의) 핸들

자동차의 핸들 → **the (steering) wheel** (○)
→ handle (×)

0506
- **passenger** [pǽsəndʒə*r*]

승객

0507
- **pavement** [péivmənt]

[1]포장 [2](미) 포장 도로 [3](영) 포장된 보도

páve 동 ~을 포장하다

0508
□ **species**
[spíːʃi(ː)z]

[1]종, 종속 [2](our[human] species로) 인류

단수 · 복수형이 같음에 주의

0509
□ **mankind**
[mænkáind]
액센트주의

인류, 인간

대명사로 받을 때 'he'가 아닌 'it'임에 주의

0510
□ **spirit**
[spírit]

[1]정신 [2]영혼 [3](pl.) 기분, 감정 [4]강한 술
spíritual 형 정신적인

in high spirits 최상의 기분으로

0511
□ **soul**
[sóul]

[1]혼 [2]정신 [3]사람

0512
□ **fate**
[féit]

운명
fátal 형 치명적인 fáteful 형 숙명적인

fortune과 fate, doom은 의미상의 차이가 있으며, 각 형용사의 뜻도 달라진다.
fortune 행운, 운명 → 형 **fortunate** 행운의
fate / doom (보통 불행한) 운명
→ 형 **fatal** 치명적인 / **doomy** 숙명의

0513
□ **crowd**
[kráud]
발음주의

군중
동 [1]군집하다, 몰려들다 [2](장소에) 채워넣다
crówded 형 혼잡한

큰 무리, 군중 → a large crowd (○)
→ a many crowd (×)

0514
□ **mass**
[mǽs]

[1]덩어리 [2](the -es) 일반 대중
mássive 형 [1]크고 무거운 [2]대량의

the mass media 매스 미디어
mass production 대량생산

0515
□ **origin**
[ɔ́(:)ridʒin]
액센트주의

[1]기원 [2]가문, 원점

명 [1](미술품 등의)진품 [2](the−) 원문, 원서

originál 형 [1]독창적인 [2]원문의
originálity 명 독창성

0516
□ **resource**
[rí:sɔ:rs]

[1](공급·원조 등) 원천, 공급원 [2](보통 pl.) (비상시의) 수단, 방편

resóurceful 형 [1]자원이 풍부한 [2]기지·주변성이 좋은

0517
□ **source**
[sɔ́:rs]

[1]원천 [2]수원 [3](뉴스 등의) 출처

0518
□ **material**
[mətíəriəl]
액센트주의

[1]재료 [2]자료

형 물자의, 물질적인

matérialism 명 [1]유물론 [2]물질주의 [3]실리주의

raw materials 원재료, 원자재

0519
□ **habit**
[hǽbit]

습관, 버릇

habítual 형 [1]습관적인 [2]상습적인

0520
□ **taste**
[téist]

[1]맛 [2]미각 [3]취미, 기호

동 [1]맛이 난다 [2]맛보다

taste는 지각동사로 형용사를 보어로 취한다.
taste sweet [bitter] 단 [쓴] 맛이 나다
taste sweetly [bitterly] (×)

0521
□ **enemy** [énəmi]
적 (=foe)

0522
□ **quarrel** [kwɔ́(:)rəl]
1말싸움 2싸움의 원인
동 말싸움하다
quárrelsome 형 싸움을 좋아하는

0523
□ **struggle** [strʌ́gl]
1고투, 노력 2싸움
동 분투하다, 노력하다
the struggle for existence 생존경쟁

0524
□ **victim** [víktim]
희생자, 피해자
fall (a) victim to A A의 희생이 되다, 포로가 되다

0525
□ **horizon** [həráizn]
└ 액센트주의
1지평선, 수평선 2(사고·지식 따위의) 시야, 범위
horizóntal 형 수평의, 수평면상의

0526
□ **summit** [sʌ́mit]
1정상 2정점 3수뇌 회의

0527
□ **surface** [sə́:rfis]
└ 액센트주의
1표면 2외관
형 외관상의, 표면의

0528
□ **disaster** [dizǽstər]
재해, 참사
disástrous 형 재해의, 비참한

0529
□ **trial** [tráiəl]
1시도 2재판 3시련
try 동 1시도하다 2심리하다 3고생시키다

trying 형 견딜 수 없는

trial and error 시행착오

0530
obstacle [ɑ́bstəkl]

장애물

0531
trouble [trʌ́bl]

[1]성가신 사건 [2]폐, 불편 [3]근심, 걱정 [4]병

동 [1]괴롭히다 [2]수고를 하다

tróublesome 형 까다로운, 곤란한

trouble to do 억지로 ~ 하다
ex) Don' t trouble to come to see me off.
(억지로 전송할 필요는 없습니다.)

0532
harm [hɑ́ːrm]

손해, 위해

동 해치다

hármful 형 유해한

hármless 형 해가 없는

do A harm=do harm to A A에게 위해를 가하다
do A good=do good to A A에게 좋은 일을 하다
A에게 좋도록 하다

0533
rescue [réskjuː]

구조

동 구조하다 (= save)

0534
aid [éid]

[1]도움 [2]보조기구

동 돕다

0535
standard [stǽndərd]
액센트주의

기준, 표준

형 표준의

stándardize 동 표준으로 맞추다

0536
□ **grade**
[gréid]

[1]등급 [2]학년 [3]성적
grádual 형 점차적인

0537
□ **rate**
[réit]

[1]비율 [2]요금 [3]속도
동 견적하다

at any rate 어쨌든

0538
□ **range**
[réindʒ]

[1]범위 [2]열 [3](전기·가스) 레인지
동 [1](범위 등이) 이루고 있다 [2]줄세우다, 정렬시키다

0539
□ **enterprise**
[éntərpraiz]
액센트주의

[1]사업 [2](복합어로) 기업 [3]진취적 기상

0540
□ **risk**
[rísk]

위험
rísky 형 위험한

at the risk of A A의 위험을 걸고
run the risk of doing ~하는 위험을 무릅쓰고

0541
□ **profession**
[prəféʃən]

[1](지적인) 전문직 [2]공언, 선언
proféssor 명 교수
proféssional 형 전문직의 명 전문가

0542
□ **technology**
[teknάlədʒi]
액센트주의

과학기술
technológical 형 과학기술의
techníque 명 기술
techníciane 명 전문기술자
téchnical 형 [1]기술상의 [2]전문의

technical terms 전문용어

0543
□ **form** [fɔ́ːrm]
[1]형, 형태 [2]서식
동 형성하다
formátion 명 형성
fórmal 형 형식적인
infórmal 형 약식의, 비공식의
fórmulate 동 공식화하다
fórmula 명 공식

0544
□ **frame** [fréim]
[1]구성 [2]골조 [3]테두리
동 [1]조립하다 [2]테두리 안에 넣다
frámework 명 [1]틀 [2]구성

0545
□ **mammal** [mǽməl]
└ 액센트주의
포유동물

0546
□ **insect** [ínsekt]
곤충

0547
□ **crew** [krúː]
승무원

0548
□ **companion** [kəmpǽnjən]
동료, 친구

0549
□ **editor** [édətər]
편집자
édit 동 편집하다
edítion 명 판
editórial 명 사설, 논설 형 편집의

0550
□ **theme** [θíːm]
주제, 테마

0551
□ **item** [áitəm]
[1]항목 [2]품목 [3](짧은) 기사

0552
□ **detail** [diːtéil]
[1]세부 [2]상세
동 상세히 말하다

in detail 상세하게

0553
□ **haste** [héist]
서두르는 것, 덤비는 것
hástily 부 급하게 (= in haste)
hásten 동 서두르게 하다, 재촉하다

in haste 급히, 서둘러

0554
□ **instance** [ínstəns]
[1]예 (=example) [2]경우 (=case)
instantáneous 형 즉석의, 즉시의

for instance 예를 들면

0555
□ **value** [væljuː]
[1]가치 [2](보통 pl.) 가치관
동 [1]평가하다 [2]존중하다
váluable 형 가치 있는, 귀중한
inváluable 형 더이상 없이 귀중한 ('무가치한'의 뜻이 아님에 주의)
válueless 형 무가치한

0556
□ **treasure** [tréʒər] ← 발음주의
[1]보물, 부 [2]귀중품 [3]귀중한 사람
동 귀중하게 하다

0557
□ **personality** [pəːrsənæləti]
[1]개성 [2]인격
pérsonal 형 개인의

pérsonally 부 [1]자기 자신으로 (= in person) [2]개인적으로

0558
□ **temper** [témpər]

[1]기질 [2]성질, 기분 [3]노여움

lose one's temper 화를 내다

0559
□ **fault** [fɔ́:lt]

[1]결점 (=defect) [2]책임

find fault with A A의 흠을 찾다
It's my fault. 내 잘못이야.

0560
□ **deed** [dí:d]

[1]행위 [2]공적, 위업

0561
□ **role** [róul]

[1]역할 (=part) [2](배우의) 역

play a role[part] in A A의 역할을 다하다

0562
□ **passage** [pǽsidʒ]

[1]진행 [2]통로 [3](문장이나 악곡의) 한 절

0563
□ **quarter** [kwɔ́:rtər]

[1](15분이나 25센치 등) 4분의 1의 것 [2]지역

quárterly 형 연 4회의

0564
□ **tone** [tóun]

[1]음색 [2]구조 [3]색조

0565
□ **instrument** [ínstrəmənt]
↑ 액센트주의

[1]도구 (= tool) [2]악기

instruméntal 형 [1]악기의 [2]수단이 되는, 도움이 되는 (= helpful)

0566
□ **ring**
[ríŋ]

[1](종·벨·전화 등의) 울리는 소리 [2]전화를 거는 것 [3]반지
동 [1](종·벨·전화 등이) 울리다, 울리게 하다 [2]전화를 하다

give A a ring A(사람)에게 전화를 걸다

0567
□ **department**
[dipɑ́ːrtmənt]

부문, 과, 국

department store 백화점

0568
□ **triumph**
[tráiəmf]
액센트주의

승리
triúmphant 형 [1]승리를 얻은 [2]의기양양한
triúmphantly 부 기고만장하여

0569
□ **reality**
[ri(ː)ǽləti]

현실(성), 현실의 것
réalize 동 [1]깨닫다 [2]실현하다
realizátion 명 [1]인식 [2]실현
réal 형 [1]진짜의 [2]현실의
realístic 형 현실적인

0570
□ **task**
[tǽsk]

일, 임무

0571
□ **leisure**
[líːʒər]
발음주의

여가

at leisure (= leisurely) 한가하여, 서두르지 않고

0572
□ **access**
[ǽkses]

[1]접근 [2]이용[입수]할 권리
accéssible 형 가까이 하기 쉬운 [2]입수하기 쉬운

access 이용[입수]할 권리
ex) Anybody has access to this library.
(누구든지 이 도서관을 이용할 수 있다.)

0573
□ **skill**
[skíl]

1숙련 2기술

skíllful 형 솜씨 좋은
skílled 형 숙련한

0574
□ **structure**
[strʌ́ktʃər]

1구조 2건물

strúctural 형 구조(상)의

0575
□ **committee**
[kəmíti]
└ 액센트주의

위원회

0576
□ **situation**
[sitʃuéiʃən]

1입장 2정세

sítuated 형 위치한

0577
□ **shade**
[ʃéid]

1그늘, 응달 2(명암, 농도의) 정도 3근소한 차이
동 그늘로 하다

shade 물건에 차단되어 빛이 비쳐지지 않는 부분
shadow 빛이 비쳐져서 지면 등에 생기는 그림자

0578
□ **liquid**
[líkwid]

1액체 2유동체
형 1액체의 2유동성의

0579
□ **crisis**
[kráisis]

위기

crítical 형 1위기의, 중대한 2비평의, 비판적인

0580
□ **basis**
[béisis]

기초

on the basis of A A에 기초하여

테스트 빈출 명사 ①

인체, 생리현상 등

□□ **blood**	[blʌ́d]	혈액
□□ **brain**	[bréin]	뇌
□□ **bone**	[bóun]	뼈
□□ **throat**	[θróut]	목구멍, 인후
□□ **breast**	[brést]	가슴 (어깨와 배 사이의 chest의 앞부분)
□□ **chest**	[tʃést]	가슴 (늑골과 흉골에 둘러싸인 가슴 내부)
□□ **back**	[bǽk]	등
□□ **waist**	[wéist]	허리
□□ **stomach**	[stʌ́mək]	배, 위
□□ **elbow**	[élbou]	팔꿈치
□□ **palm**	[pɑ́ːm]	손바닥
□□ **thumb**	[θʌ́m]	엄지손가락
□□ **nail**	[néil]	손톱
□□ **knee**	[níː]	무릎 (무릎마디)
□□ **lap**	[lǽp]	무릎 (앉았을 때 허리와 무릎 사이의 넓적다리 앞부분)
□□ **toe**	[tóu]	발가락
□□ **cheek**	[tʃíːk]	뺨
□□ **brow**	[bráu]	이마
□□ **retina**	[rétənə]	망막
□□ **lung**	[lʌ́ŋ]	폐
□□ **liver**	[lívər]	간장
□□ **kidney**	[kídni]	신장
□□ **artery**	[ɑ́ːrtəri]	동맥
□□ **vein**	[véin]	정맥
□□ **yawn**	[jɔ́ːn]	하품
□□ **snore**	[snɔ́ːr]	코골기
□□ **tear**	[tíər]	눈물
□□ **hunger**	[hʌ́ŋgər]	공복, 굶주림

0581 ☐ **art** [ɑ́:*r*t]

▸ She seems to know the art of writing letters.

① ártist ② artístic

0582 ☐ **article** [ɑ́:*r*tikl]

1. You'll find domestic articles on the third floor.
2. Have you read the article about Asia in *Time*?

0583 ☐ **book** [búk]

▸ Please book a room for her.

0584 ☐ **break** [bréik]

▸ Let's have a ten-minute break.

0585 ☐ **change** [tʃéindʒ]

▸ Could you give me change for a dollar?

0586 ☐ **character** [kǽrəktə*r*]

1. He is a man of weak character.
2. My sister played the leading character.
3. He can't write any Chinese characters.

① cháracterize ② characterístic

명 기술, 요령 (명 예술, 미술)

▸ 그녀는 편지 쓰는 요령을 알고 있는 것 같다.

① 명 예술가 ② 형 예술의

명 ¹품목 ²기사, 논문 (명 관사)

1. 가정용품은 3층에 있습니다.
2. 타임지에서 아시아에 관한 기사를 읽었습니까?

동 예약하다 (= reserve) (명 책)

▸ 그녀를 위해 방을 하나 예약해 주세요.

명 휴식 (동 깨뜨리다, 부서지다)

▸ 10분간 휴식을 취합시다.

명 거스름 돈, 소액의 돈 (명 변화 동 변하게 하다, 변하다)

▸ 1달러 거슬러 주시겠습니까?

명 ¹성격, 개성 ²등장인물 ³문학 (명 예술, 미술)

1. 그는 의지가 약한 사람이다.
2. 나의 누이동생이 주역을 연기했다.
3. 그는 한자를 전혀 쓸 줄 모른다.

① 동 특징지우다 ② 형 특유의, 특징적인 명 특징

0587 □ **class** [klǽs]

▸ Mr. Brown belongs to the upper class.

clássify

0588 □ **company** [kʌ́mpəni]

1. I enjoyed her company very much.
2. A man is known by the company he keeps.
3. We are expecting company this evening.

0589 □ **degree** [digríː]

▸ She got a master's degree three years ago.

0590 □ **end** [énd]

▸ Does the end justify the means?

éndless

0591 □ **figure** [fígjər]

1. Mary has a good figure.
2. Lincoln is one of the greatest figures in American history.
3. Write the amount on the check in letters as well as figures.
4. What do you figure she is doing now?

명 계급, 계층 (명 수업)

▶ 브라운 씨는 상류계급 사람이다.

동 분류하다

명 [1]동석하는 것 [2]동료 [3]방문객 (명 회사)

1. 나는 그녀의 동료들과 매우 즐거웠다.
2. 만나는 사람을 보면 그 사람을 알 수 있다. (속담)
3. 오늘 저녁에 손님이 오기로 되어 있습니다.

명 학위 (명 정도, 온도 등의 도수)

▶ 그녀는 3년 전에 석사 학위를 취득했다.

명 목적 (명 끝, 끄트머리 동 끝내다, 끝나다)

▶ 목적은 수단을 정당화 할 수 있을까?

형 끝없는

명 [1]자세 [2]인물 [3]숫자 동 [4]생각하다 (명 형태, (pl.) 계산 동 계산하다)

1. Mary는 용모가 뛰어나다.
2. Lincoln은 미국 역사상 가장 위대한 인물 중 한 사람이다.
3. 수표의 금액은 숫자와 문자를 함께 써 넣어 주세요.
4. 그녀가 지금 무엇을 하고 있다고 생각하십니까?

0592 □ **game** [géim]

▸ Wolves live in areas where **game** is plentiful.

0593 □ **gift** [gíft]

▸ You have a **gift** for music.

gífted

0594 □ **ground** [gráund]

▸ Do you have any **grounds** for thinking so?

gróundless

0595 □ **hand** [hǽnd]

1. She writes an excellent **hand**.
2. Please give me a **hand** with my homework.
3. We are short of **hands**.
4. She **handed** the parcel to the customer.

① hándy ② hand in A / hand A in

0596 □ **interest** [íntərest]

1. We must always consider the public **interest**.
2. She paid seven percent **interest** on the loan.

명 사냥감 (명 게임, 시합)

▶ 늑대는 사냥감이 풍부한 지역에 살고 있다.

명 천부적 재능 (명 선물)

▶ 너는 음악에 재능이 있다.

형 천부적 재능이 있는

명 근거, 이유 (명 토지, 운동장)

▶ 네가 그렇게 생각하는 이유가 있니?

명 [1]필적 [2](원조의) 손길 [3]입수 동 [4]건네주다 (명 손, (시계 등의) 바늘)

1. 그녀는 글씨를 매우 잘 쓴다.
2. 제 숙제를 도와주세요.
3. 지금 우리는 사람 손이 부족합니다.
4. 그녀는 소포를 고객에게 건네주었다.

① 형 편리한, 취급하기 쉬운, 잘 하는　② 숙 A를 제출하다

명 [1]이해, 이익 [2]이자 (명 흥미 동 흥미를 갖게 하다)

1. 우리들은 항상 공공의 이익을 생각하지 않으면 안된다.
2. 그녀는 그 대출에 7%의 이자를 지불했다.

① disínterested ② ínteresting

0597 □ **lesson** [lésn]

▸ The lesson which we learned was never to trust anyone.

0598 □ **letter** [létər]

1. The English alphabet has 26 letters.
2. Her father is famous as a man of letters.

0599 □ **line** [láin]

1. What line is he in?
2. The President took a hard line.
3. Be sure to drop me a line.

0600 □ **lot** [lát]

1. Let's draw lots to decide who goes first.
2. Isolation is the common lot of man.
3. There is a large parking lot in front of the station.
4. They aren't such a bad lot.

0601 □ **manner** [mǽnər]

1. He spoke in a clumsy manner.

① 형 사리 사욕이 없는 ② 형 재미있는

명 교훈 (명 수업, (교과서의) 과)

▶ 우리가 배운 교훈은 아무나 믿지 말라는 것이다.

명 [1]문자 [2](pl.) 문학 (명 편지)

1. 영어 알파벳에는 26개의 문자가 있다.
2. 그녀의 아버지는 문학자로 유명하다.

명 [1]직업 [2]방침 [3]짧은 편지 (명 선, 열, (글의) 행)

1. 그는 어떤 직업에 있습니까?
2. 대통령은 강경노선을 취했다.
3. 꼭 편지해[안부 전해줘].

명 [1]제비뽑기·추첨 [2]운명 [3]구획 [4]놈·녀석

1. 순서를 정하기 위해 제비를 뽑자.
2. 고독은 인간 공통의 운명이다.
3. 역 앞에 넓은 주차장이 있다.
4. 그들은 그렇게 나쁜 녀석들은 아니다.

명 [1]태도 [2]하는 방식 [3](pl.) 예절 [4]풍습

1. 그는 어색하게 이야기했다.

2. Their manner of bringing up their children is extremely unusual.
3. It is bad manners to speak with your mouth full.
4. The manners and customs of a country reflect its culture.

0602 □ **novel** [nάvəl]

▸ His novel proposal was accepted by everybody.

nóvelty

0603 □ **operation** [ɑpəréiʃən]

1. He had an operation on his left leg.
2. The operation of this machine is too difficult for me.

óperate

0604 □ **paper** [péipər]

1. I've not read today's paper yet.
2. I have to complete a paper on the Korean economy.

0605 □ **park** [pá:rk]

▸ You must not park the car in the street.

2. 그들의 유아 교육법은 보통과는 매우 다르다.
3. 입에 음식을 가득 넣고 이야기하는 것은 예절 바르지 못한 것이다.
4. 한 나라의 풍속과 관습은 그 나라의 문화를 반영한다.

형 새로운, 기발한, 신기한 (명 소설)

▶ 그의 새로운 제안은 모두에게 받아들여졌다.

명 새로운 것, 신기한 것

명 ¹수술 ²조작, 운전

1. 그는 왼쪽 다리에 수술을 받았다.
2. 이 기계 조작은 내게는 너무 어렵다.

동 작용하다, 조작하다, 수술하다

명 ¹신문 ²논문 (명 종이)

1. 나는 아직 오늘 신문을 읽지 않았다.
2. 나는 한국 경제에 관한 논문을 끝마쳐야 한다.

동 주차시키다 (명 공원)

▶ 거리에 차를 주차하면 안됩니다.

0606 □ **party** [pɑ́ːrti]

1. He entered the Democratic Party but soon left it.
2. The party of pilgrims started for Haeinsa Temple.
3. The police regarded him as a party to the crime.
4. Your party is on the line.

0607 □ **picture** [píktʃər]

1. This book gives a good picture of life in America during the Civil War.
2. She is the picture of her mother.
3. I can't picture her playing the piano.

picturésque

0608 □ **place** [pléis]

▸ Place this book back where it was.

0609 □ **plant** [plǽnt]

▸ Our company is planning to build a new chemical plant in Russia.

0610 □ **race** [réis]

▸ Several races live together in America.

명 [1]당, 정당 [2]동료 [3]당사자, 관계자 [4](전화의) 상대방 (명 파티)

1. 그는 민주당에 입당했지만 곧 탈당했다.
2. 순례자의 일행은 해인사로 향했다.
3. 경찰은 그가 그 범죄에 관계하고 있다고 생각했다.
4. (통화) 상대방이 연결되었습니다. (전화 교환수의 말)

명 [1]이미지 [2]실물을 꼭 닮은 것, 화신 동 [3]마음에 그리다 (명 그림, 사진, 영화)

1. 이 책은 남북전쟁 중의 미국 생활을 생생하게 묘사하고 있다.
2. 그녀는 모친을 꼭 닮았다.
3. 나는 그녀가 피아노를 연주하고 있는 광경을 상상할 수 없다.

형 그림처럼 아름다운

동 놓다, 배치하다 (명 장소)

▶ 이 책을 원래 있던 장소에 도로 놓으세요.

명 공장 (명 식물 동 심다)

▶ 우리 회사는 러시아에 새로운 화학공장을 건설할 것을 계획하고 있다.

명 인종, (the-) 인류 (명 경쟁)

▶ 미국에는 여러 인종들이 함께 살고 있다.

rácial

0611 □ **rest** [rést]

1. I drank some of the milk and kept the **rest** in the refrigerator.
2. He **rested** his hand on my shoulder.

① réstless ② rest on A

0612 □ **right** [ráit]

1. He is just **right** for the job.
2. He looked her **right** in the eye.
3. You have no **right** to oppose our plan.

① ríghteous ② ríghtful

0613 □ **room** [rú(:)m]

1. Could you please make **room** for me?
2. There is plenty of **room** for improvement in this dictionary.

0614 □ **school** [skú:l]

1. Keats, a poet, belongs to the Romantic **school**.
2. The boy was gazing at a **school** of carp in the pond.

형 인종의

명 [1]나머지 동 [2]두다 (명 휴식 동 휴식하다, 휴식시키다)

1. 나는 우유를 좀 마시고, 남은 것은 냉장고에 보관했다.
2. 그는 내 어깨에 손을 얹었다.

① 형 침착하지 못한 ② 숙 A에 기대다, A하기에 달리다

형 [1]알맞은 부 [2]바르게, 정당하게 명 [3]권리

(형 올바른, 오른쪽의 부 올바르게)

1. 그는 그 일에 꼭 맞는다.
2. 그는 그녀의 눈을 직시했다.
3. 너는 우리의 계획에 반대할 권리가 없다.

① 형 올바른 ② 형 합법적인

명 [1]공간 [2]여지 (명 방)

1. 좀 비켜 주시겠습니까?
2. 이 사전은 크게 개선할 여지가 있다.

명 [1]파, 학파 [2](물고기 등의) 무리 (명 학교)

1. 시인 Keats는 낭만파에 속한다.
2. 소년은 연못의 잉어 떼를 뚫어지게 보았다.

0615 □ **sense** [séns]

1. He has no sense of direction.
2. You should have enough sense not to drink, at least during your illness.
3. Have you lost your senses to say so?
4. Man is also an animal in a broad sense.

① sénsible ② sénsitive ③ sénseless ④ sensibílity ⑤ sensitívity
⑥ come to one' s senses ⑦ in a sense ⑧ make sense

0616 □ **somebody** [sʌ́mbadi]

▸ I hear he is somebody in his village.

0617 □ **sound** [sáund]

1. Your idea sounds like a good one.
2. My grandmother is in sound health and lives alone.
3. I fell sound asleep because I was very tired.

0618 □ **succeed** [səksí:d]

▸ He must succeed to his father's business.

① succéss ② succéssful ③ succéssion ④ succéssive

명 ¹인식력 ²분별 ³정기 ⁴의미 (명 감각)

1. 그는 방향 감각이 없다.
2. 적어도 아플 때는 술을 마시지 않는다는 판단력이 있어야 한다.
3. 그런 말을 하다니 정신 나갔어?
4. 넓은 뜻에서는 인간도 동물이다.

① 형 분별있는 ② 형 민감한 ③ 형 무감각의, 무분별한 ④ 명 감성, 민감함 ⑤ 명 감수성 ⑥ 숙 의식을 되찾다 ⑦ 숙 어떤 의미에서는 ⑧ 숙 (이야기 등이) 의미를 이루다

명 주요인물 (대 누군가)

▶ 들리는 바에 의하면 그는 그 마을에서 한가닥 하는 사람이라 한다.

동 ¹~인 듯 생각되다[들리다] 형 ²건강한 부 ³푹
(동 (종 등이) 울리다 명 소리)

1. 너의 아이디어는 좋은 것 같아.
2. 나의 할머니는 건강하셔서 혼자 살고 계시다.
3. 나는 너무 피곤했기 때문에 푹 잠이 들었다.

동 상속하다, 뒤를 잇다 (동 성공하다)

▶ 그는 아버지의 사업을 이어 받아야 한다.

① 명 성공 (↔ failure 실패) ② 형 잘 된 ③ 명 상속, 계승, 연속 ④ 형 연속한

0619 □ **term** [tə́ːrm]

1. We have two examinations during this term.
2. "The accused" is a legal term.

① in terms of A ② be on ~terms with A

0620 □ **tongue** [tʌ́ŋ]

▸ My mother tongue is Korean.

0621 □ **turn** [tə́ːrn]

1. His face turned pale to hear the news.
2. It's my turn to drive next.
3. I'm afraid things will take a turn for the worse.

by turns

0622 □ **view** [vjúː]

1. The valley was hidden from view in the mist.
2. What are your views on organ transplants?
3. I view his error as insignificant.

① víewer ② víewpoint

명 ¹학기 ²전문용어 (명 관계, 조건, 기간)

1. 이번 학기 중에는 시험이 2개 있다.
2. '피고인' 이라는 말은 법률용어이다.

① 형 A의 관점으로부터, A에 따라서, A의 말로　　② 숙 A와 ~의 관계에 있다

명 언어 (명 혀)

▶ 나의 모국어는 한국어입니다.

동 ¹변하다 명 ²순번, 변화 (동 돌리다, 회전하다)

1. 그 뉴스를 듣고 그의 얼굴은 파랗게 질렸다.
2. 이번에는 내가 운전할 차례다.
3. 사태가 악화되지 않을까 걱정된다.

동 차례차례로 하다

명 ¹시야 ²견해 동 ³간주하다 (명 바라봄)

1. 안개로 계곡이 보이지 않았다.
2. 장기이식을 어떻게 생각하십니까?
3. 나는 그의 과실을 대단한 것으로 생각하지 않는다.

① 명 TV시청자, 구경꾼　　② 명 견지, 관점

0623 □ **way** [wéi]

1. What do you think of the best **way** to learn English?
2. I find the plan to be unsatisfactory in several **ways**.

① in no way ② have one's (own) way

0624 □ **word** [wə́ːrd]

1. Can I have a **word** with you?
2. She always keeps her **word**.

0625 □ **work** [wə́ːrk]

1. I have the complete **works** of Shakespeare.
2. I'm afraid your plan will not **work**.

명 [1]방법 [2]관점 (명 길, 여정)

1. 영어를 배우는 최선의 방법은 무엇이라고 생각합니까?
2. 그 계획은 여러가지 점에서 적절치 않다고 생각한다.

① 숙 조금도 ~ 아니다 ② 숙 자기의 생각대로 하다

명 [1]짧은 회화 [2]약속 (명 단어)

1. 이야기 좀 했으면 좋겠는데요. (할 수 있겠어요?)
2. 그녀는 언제나 약속을 지킨다.

명 [1]작품 동 [2]잘 기능하다 (명 일 동 일하다)

1. 나는 셰익스피어 전집을 가지고 있다.
2. 네 계획이 잘 되지 않을까 걱정된다.

테스트 빈출 명사②

하늘, 바다, 땅, 자연현상 등

□□	**galaxy**	[gǽləksi]	은하계
□□	**solar eclipse**	[sóulər iklíps]	일식
□□	**longitude**	[lándʒətjuːd]	경도
□□	**latitude**	[lǽtətjuːd]	위도
□□	**the Atlantic Ocean**	[-ətlǽntik-]	대서양
□□	**the Pacific Ocean**	[-pəsífik-]	태평양
□□	**the Mediterranean Sea**	[-medətəréiniən-]	지중해
□□	**bay**	[béi]	만 (gulf보다 작음)
□□	**gulf**	[gʌ́lf]	만
□□	**channel**	[tʃǽnl]	해협
□□	**island**	[áilənd]	섬
□□	**peninsula**	[pinínʃələ]	반도
□□	**valley**	[vǽli]	계곡, 유역
□□	**pasture**	[pǽstʃər]	목초지
□□	**meadow**	[médou]	초원
□□	**forest**	[fɔ́(ː)rist]	숲
□□	**cave**	[kéiv]	동굴
□□	**iceberg**	[áisbəːrg]	빙산
□□	**dawn**	[dɔ́ːn]	새벽
□□	**moisture**	[mɔ́istʃər]	습기
□□	**haze**	[héiz]	아지랑이 (엷은 안개)
□□	**mist**	[míst]	안개 (fog 보다 엷은 안개)
□□	**fog**	[fɔ́(ː)g]	안개 (농무)
□□	**thunder**	[θʌ́ndər]	천둥
□□	**breeze**	[bríːz]	미풍, 산들 바람
□□	**storm**	[stɔ́ːrm]	폭풍
□□	**earthquake**	[ɔ́ːrθkweik]	지진

Step 2

Vocabulary 646

0626
□ **handle**
[hǽndl]

[1]취급하다 [2]손을 대다
명 손잡이, 핸들

0627
□ **deal**
[dí:l]

다루다
명 [1]상거래, 계약 [2]취급, 거래
déaler 명 상인, 업자

> **deal in A** (가게·사람이) A(상품)를 거래하다, 장사하다
> **deal with A** A(일)를 취급하다, 처리하다

0628
□ **injure**
[índʒə*r*]

상처입히다
ínjury 명 [1]상해 [2]침해
injúrious 형 유해한

0629
□ **wound**
[wú:nd]
└ 발음주의

상처 입히다, (무기나 흉기 등으로 습격하여) 부상 입히다
명 상처

0630
□ **encourage**
[inkə́:ridʒ]
└ 액센트주의

[1]용기(기운)를 북돋우다, 격려하다 [2]촉진하다
encóuragement 명 격려
encóuraging 형 힘을 북돋아주는

> **encourage A to do** A를 ~하도록 격려하다

0631
□ **discourage**
[diskə́:ridʒ]

[1]낙담시키다 [2](계획 · 사업 등을) 말리다, 단념시키다

discourage A from[out of] doing A에게 ~ 하는 것을 단념시키다

0632
□ **recommend**
[rekəménd]
└ 액센트주의

[1]추천하다 [2]권장하다
recommendátion 명 [1]추천 [2]권고

recommend A to B A를 B에게 추천하다
(2중 목적어를 취하지 않음에 주의)

0633
□ **urge**
[ə́:rdʒ]

[1]강하게 몰아대다 [2]재촉하다 [3]주장하다
명 충동
úrgency 명 긴급
úrgent 형 긴급의

urge A to do A에게 ~ 하도록 재촉하다

0634
□ **command**
[kəmǽnd]

[1]명령하다 [2]지휘[통솔]하다
[3](경치 등을) 내려다보다, 바라보다
명 [1]명령 [2]지배력, 지휘권 [3]자유 자재로 구사하는 힘
commánder 명 지휘자

ex) The hotel commands a view of the whole bay.
(그 호텔에서 전체가 내려다보인다.)
He has (a) good command of French.
(그는 프랑스어를 잘한다.)

0635
□ **engage**
[ingéidʒ]

[1]종사시키다 [2]고용하다
engágement 명 [1]약속 [2]약혼

be engaged in A A에 종사하다

0636
involve [inválv]
[1]말려들게 하다 [2]몰두시키다 [3]필연적으로 수반하다
invólvement 명 관여, 연루
invólved 형 [1]복잡한, 뒤얽힌 [2]관계하고 있는

0637
label [léibəl]
└ 발음주의
[1]라벨을 붙이다 [2](라벨을 붙여서) 분류하다
명 (짐 등에 붙이는) 라벨

0638
decorate [dékəreit]
└ 엑센트주의
장식하다
decorátion 명 장식(물)

0639
display [displéi]
[1]진열하다 [2]나타내다 [3]과시하다
명 진열

0640
advertise [ǽdvərtaiz]
└ 액센트주의
광고하다
advertísement 명 광고

0641
purchase [pə́ːrtʃəs]
└ 발음주의
구입하다
명 구입(품), 산 물건

0642
enrich [inrítʃ]
풍부하게 하다

0643
prosper [práspər]
번영하다
prospérity 명 번영
prósperous 형 번영하고 있는

0644
establish [istǽbliʃ]

¹설립하다 ²확립하다 (= found, set up)
estáblishment 명 ¹설립 ²확립한 것

the Establishment (기성의) 체제, 지배계급

0645
distribute [distríbjuːt]
액센트주의

분배하다
distribútion 명 ¹분배 ²분포

0646
correspond [kɔ(ː)rəspɑ́nd]
액센트주의

¹일치하다 ²상당하다 ³편지 왕래하다
correspóndence 명 ¹일치하는 것 ²상당하는 것 ³편지왕래 ⁴통신문
correspóndent 명 통신원
correspónding 형 대응하는

correspond to A A에 상당하다, A에 일치하다
correspond with A A와 서신왕래하다, A에 일치하다

0647
import [impɔ́ːrt]
액센트주의

¹수입하다 ²가지고 들어오다
명 [ímpɔːrt] 수입(품)

0648
export [ikspɔ́ːrt]

수출하다
명 [ékspɔːrt] 수출

0649
exhibit [igzíbit]
발음주의

¹전시하다 ²나타내다
exhibítion 명 [eksibíʃən] 전람회

0650
possess [pəzés]
발음주의

¹소유하고 있다 (= own) ²(귀신 등이) 붙다
posséssion 명 ¹소유(물) ²귀신이 붙음
posséssive 형 소유의, 소유욕이 강한

ex) He was possessed by devil.
(그는 악령에 사로잡혀 있다.)

0651
□ **own**
[óun]

가지다 (= possess)
형 [1]자기자신의 [2]독자의, 독특한
ównership 명 소유(권)

0652
□ **tend**
[ténd]

경향이 있다
téndency 명 경향

have a tendency to do ~하는 경향이 있다
(= tend to do)

0653
□ **affect**
[əfékt]

[1]영향을 주다(= influence) [2]~인 체 하다 (= pretend)
afféction 명 애정
affectátion 명 허식, 뽐냄
afféctionate 형 애정이 깊은

0654
□ **qualify**
[kwáləfai]

자격을 주다
qualificátion 명 자격
quálified 형 자격이 있는

0655
□ **burst**
[bə́:rst]

[1]폭발하다 [2]갑자기 시작하다

burst into A 돌연 ~ 하기 시작하다 (= burst out doing)
ex) Tom burst into tears.
=Tom burst out crying.
(톰은 갑자기 울기 시작했다.)

0656
□ **obey**
[oubéi]

따르다, 순종하다
obédience 명 복종
obédient 형 순종하는

obey A A에게 따르다
obey to A … (×)

0657
□ **deserve**
[dizə́ːrv]

갑어치가 있다, ~에 상당하다

deserve doing = deserve to be done
~할 만한 가치가 있다
deserve doing의 경우, 주어가 동명사의 의미상의 목적어가 된다.
ex) He deserves praising.
(그는 칭찬을 받을 만하다.)

0658
□ **pour**
[pɔ́ːr]
└ 발음주의

1붓다, 쏟다
2(말·감정 등을) 거침없이 드러내다, 끊임없이 말하다
3(비가) 격렬하게 쏟아붓다

0659
□ **share**
[ʃέər]

1공유하다 2나누다
명 1몫 2할당

share A with B A를 B와 공유하다
(= have A in common with B)

0660
□ **respond**
[rispɑ́nd]

1답하다 (= reply) 2반응하다
respónse 명 1회답 2반응
respónsive 형 반응하기 쉬운

respond to A A에게 답하다 (= reply to A)

0661
□ **fulfill**
[fulfíl]

1다하다 2(요구·목적 등을) 달성하다
fulfíllment 명 달성

0662
☐ **compete** [kəmpíːt] (액센트주의)

[1]경쟁하다 [2]필적하다

competítion 명 [1]경쟁 [2]경기
compétitive 형 [1]경쟁적인, 경쟁이 심한 [2](가격 · 제품 등이) 다른 것에 지지 않는

compete with [against] A A와 경쟁하다

0663
☐ **shed** [ʃéd]

[1](눈물 · 피 등을) 흘리다 [2](잎 등을) 저절로 떨어지게 하다 [3](빛등을) 발산하다

0664
☐ **progress** [prɑgrés] (액센트주의)

[1]전진하다 [2]진보하다

명 [prɑ́gres] (불가산명사) [1]전진 [2]진보
progréssive 형 진보적인
progréssively 부 누진적으로, 점진적으로

0665
☐ **evolve** [ivɑ́lv]

[1]발전시키다, 발전하다 [2]진화하다

evolútion 명 [1]발전 [2]진화
evolútionary 형 진화(론)의

0666
☐ **reform** [riːfɔ́ːrm]

개혁하다

명 개혁

the Reformation 종교개혁

0667
☐ **appreciate** [əpríːʃieit] (발음주의)

[1]올바르게 이해하다 [2]높이 평가하다 [3]감상하다 [4]감사하다

depréciate 동 가치를 내리다
appreciátion 명 [1]평가 [2]감상 [3]감사

appreciate (존경하다)는 사람을 목적어로 할 수 없음에 주의.
ex) I appreciate your kindness. (○)
appreciate you. (×)

0668
□ **arise**
[əráiz]

생기다, 일어나다

0669
□ **proceed**
[prəsíːd]

[1]나아가다 [2]계속하다
prócess 명 [1]정도 [2]방법, 수순
procédure 명 [1]수속 [2]수순

0670
□ **decline**
[dikláin]

[1]거절하다 (= refuse, turn down) [2]쇠퇴하다
명 [1]쇠퇴 [2]하락

0671
□ **utilize**
[júːtəlaiz]

이용하다 (= make use of)
utílity 명 [1]유용성 [2]도움이 되는 것
utilitárian 형 [1]실용본위의 [2]공리주의의

0672
□ **suspend**
[səspénd]

[1]매달다 [2]일시적으로 중지하다
suspénse 명 불안

0673
□ **calculate**
[kǽlkjuleit]

[1]계산하다 [2]예상하다 [3]기대하다, 의지하다
calculátion 명 계산

0674
□ **nod**
[nɑ́d]

[1]끄덕이다 [2]인사하다 [3]졸다, 잠들다
명 [1]동의 [2]인사 [3]졸음

0675
□ **wipe**
[wáip]

씻다, 닦다
wíper 명 (자동차의) 와이퍼

0676
□ **polish**
[páliʃ]

[1]닦다 [2]세련되게 하다
명 닦는 것 (물건), 광택

0677
☐ **fold** [fóuld]
[1]접다, 겹치다 [2]싸다
명 주름, 접은 자리

0678
☐ **bend** [bénd]
구부리다, 휘다
명 [1](도로 등의) 커브 [2]몸을 굽힘

0679
☐ **stretch** [strétʃ]
잡아 당기다, 뻗다
명 [1]팽팽하게 폄 [2](시간·공간의) 범위, 한도

0680
☐ **pose** [póuz]
[1]포즈를 취하다, 포즈를 취하게 하다 [2]~인 체 하다
[3](문제·요구 등을) 제기하다
명 [1]포즈, 자세 [2]겉치레, 꾸민 태도

0681
☐ **expose** [ikspóuz]
[1]폭로하다 [2]드러내다
expósure 명 [1]폭로 [2]드러내는 것, (사진) 노출
exposítion 명 박람회

expose A to B A를 B에 드러내다

0682
☐ **cease** [síːs] (발음주의)
[1](계속되고 있는 것이) 끝나다
[2](활동 등을) 중지시키다 (= stop)
cessátion 명 중지, 중단
céaseless 형 끊임없는

0683
☐ **bury** [béri] (발음주의)
묻다, 매장하다
búrial 명 매장

0684
☐ **lean** [líːn]
기대다, 의지하다, 비스듬히 기대게 하다
형 마른, 빈약한

lean on[against] A A에 기대다, 의지하다
lean A on[against] B A를 B에 비스듬히 기대게 하다

0685
□ **chase**
[tʃéis]

추적하다
명 추적

0686
□ **overtake**
[ouvərtéik]

[1]따라잡다(= catch up with), 추월하다 [2]덮치다

0687
□ **tremble**
[trémbl]

떨다 (= shake)
명 전율

0688
□ **awake**
[əwéik]

잠에서 깨다, 눈을 뜨다 (= wake)
형 [1]눈을 뜨고 [2]자지 않고

awake (눈을 뜨고)는 보어로만 쓰인다.
ex) He was awake all night.
(그는 밤새도록 한숨도 자지 않았다.)

0689
□ **gaze**
[géiz]

뚫어지게 보다
명 주시

0690
□ **seize**
[síːz]
└ 발음주의

꽉 쥐다(= grab)

seize me by the arm = seize my arm
(내 팔을 꽉 쥐다.)

0691
□ **grasp**
[grǽsp]

[1]잡다 [2]이해하다(= understand)
명 [1]잡는 것 [2]이해(력)

0692
□ **freeze**
[fríːz]

얼다, 얼게 하다
fréezing 형 (팔 다리가) 어는 것 같이 추운, 매섭게 추운

0693
- **scream** [skríːm]

(공포, 고통 등으로) 높고 날카로운 소리를 지르다 (= shriek)
명 절규, 쉿소리

0694
- **exclaim** [ikskléim]

외치다
exclamátion 명 절규

0695
- **drown** [dráun] 발음주의

물에 빠져 죽게 하다, 익사하다

be drowned 물에 빠져 죽다

0696
- **sew** [sóu] 발음주의

꿰매다, 깁다

0697
- **tear** [tέər] 발음주의

찢다, 찢어지다

0698
- **murder** [mə́ːrdər]

살해하다
명 살인, 학살
múrderer 명 살인자

0699
- **stir** [stə́ːr]

[1]휘젓다, 뒤섞다 [2]흥분[감동]시키다
stírring 형 고무하는, 활발한

0700
- **stick** [stík]

[1]붙이다, 고착시키다 [2]찌르다, 찔리다, 찔러넣다, 꽂다
명 막대기
stícky 형 [1]끈적거리는 [2](기후가) 끈적끈적한

stick to A A에 붙다, A(신념·약속 등)를 지켜내다

0701
□ **desert**
[dizə́:rt]
↑ 액센트주의

버리다, 버리고 도망치다
명 [dézert] 사막

dessert [dizə́:rt] (디저트)와 혼동하지 않도록 주의

0702
□ **starve**
[stɑ́:rv]

[1]굶주리다 [2]갈망하다
starvátion 명 기아

starve for A A를 갈망하다
starve to death 굶어죽다

0703
□ **feed**
[fí:d]

음식을 주다, (동물 등이) 모이를 먹다
명 사료

feed on A (동물이) A를 먹이로 먹다
be fed up with A A에 싫증이 나다

0704
□ **breed**
[brí:d]

(가축 등을) 번식시키다, 번식하다
명 (동식물의) 품종
well-bréd 형 좋은 가문에서 자란, 교육을 잘 받은

0705
□ **float**
[flóut]

표면에 뜨다, 뜨게 하다

0706
□ **sink**
[síŋk]

[1]가라앉다, 가라앉히다 [2]쇠약해지다 [3]스며들다
명 (부엌 등의) 싱크대

0707
□ **cling**
[klíŋ]

[1]집착하다 [2]달라붙다

cling to A A에 집착하다, A에 달라붙다

Step 2 Dash Vocabulary 646 / 동사편

0708
□ **release** [rilíːs]
[1]해방하다, 풀어놓다 [2](영화 등을) 공개하다, 방영하다
명 [1]해방, 놓아주는 것 [2](영화 등의) 개봉

0709
□ **sweep** [swíːp]
[1]쓸다 [2]살짝 지나다 [3]휩쓸다
swéeping 형 [1]광범위에 걸친 [2]철저한

> **sweep** 곧 퍼지다, 휩쓸다
> *ex)* The rumor swept through the town.
> (소문은 곧 마을 내에 퍼졌다.)

0710
□ **greet** [gríːt]
인사를 하다
gréeting 명 인사

0711
□ **bow** [báu]
머리를 숙여 인사하다
명 인사

0712
□ **cure** [kjúər]
치료하다
명 [1]치료(법) [2]회복

> **cure A of B** A(환자)의 B(병)를 치료하다

0713
□ **deprive** [dipráiv]
빼앗다(= rob)

> **deprive A of B** A에서 B를 빼앗다

0714
□ **strip** [stríp]
[1]벗기다 [2](허세·구실 등을) 없애다

> **strip A of B** A로부터 B를 떼어버리다
> →**rob A of B**, **cure A of B**, **deprive A of B**, **strip A of B**는 같은 패턴

0715
□ **furnish**
[fə́ːrniʃ]

공급하다, 갖추게 하다

furnish A with B A에게 B를 공급하다[갖추게 하다]

0716
□ **rot**
[rát]

부패하다 (= decay)

명 부패
rótten 형 부패한, 썩은

0717
□ **stare**
[stέər]

응시하다, 빤히 보다

stare at A A를 빤히 보다

0718
□ **amaze**
[əméiz]

깜짝 놀라게 하다

amázing 형 놀랄 만한

0719
□ **astonish**
[əstániʃ]

놀라게 하다

astónishing 형 놀랄 만한

0720
□ **startle**
[stáːrtl]

펄쩍 뛰게 하다, 놀라게 하다

stártling 형 깜짝 놀라게 하는

0721
□ **alarm**
[əláːrm]

1놀라게 하다 2걱정시키다

명 1놀람 2경보 3자명종 시계 4불안
alárming 형 불안하게 만드는

0722
□ **frighten**
[fráitn]

소스라쳐 놀라게 하다

fríghtful 형 무서운, 놀라운
fríghtening 형 불안을 주는, 위급한

0723
□ **puzzle**
[pʌ́zl]

곤란하게 하다, 당혹스럽게 하다

명 난문, 의문, 퍼즐

0724
□ **bore** [bɔ́ːr]

지루하게 하다

명 지루하게 하는 사람[물건]
bóredom 명 지루함, 권태
bóring 형 따분한

0725
□ **cheer** [tʃíər]

[1]기운내게 하다 [2]갈채를 보내다

chéerful 형 쾌활한

0726
□ **chat** [tʃǽt]

(한가하게) 잡담하다, 담소하다

명 잡담(하기), 담소
chátter 동 재잘거리다 명 재잘거림, 수다

0727
□ **amuse** [əmjúːz]

즐겁게 하다

amúsing 형 재미있는

0728
□ **entertain** [entərtéin]
액센트주의

[1]즐겁게 하다 [2]접대하다

entertáinment 명 오락

0729
□ **absorb** [æbsɔ́ːrb]

[1]흡수하다 [2]열중하게 하다

absórption 명 [1]흡수 [2]열중
absórbing 형 대단히 흥미진진한

be absorbed in A A에 열중하다

0730
□ **dare** [dɛ́ər]

[1]감히 ~하다 [2]대항하다

일반동사로 사용하는 경우는 dare to do (감히 ~하다)의 형태를 취한다. 조동사로는 보통 부정문, 의문문으로 사용한다.
ex) How dare you speak to me like that?
(어쩌면 그런 말투로 나를 대하니?)

0731
□ **tempt**
[témpt]

유혹하다
temptátion 명 유혹(하는 것)

tempt A to do A를 ~ 할 마음을 먹게 하다

0732
□ **incline**
[inkláin]

1기울다 2마음을 먹게 하다
inclinátion 명 경향, 좋아함

be inclined to do ~ 할 경향이 있다, ~ 하기 쉽다

0733
□ **oblige**
[əbláidʒ]

1의무를 부과시키다 2은혜를 베풀다
obligátion 명 1의무, 책임 2은혜, 혜택
oblígatory 형 의무적인, 필수의

oblige A to do A에게 억지로 ~시키다
(= compel [force] A to do)
be obliged to A for B B의 일로 A에게 감사하고 있다
(= be thankful to A for B, be grateful to A for B)

0734
□ **equip**
[ikwíp]

갖추다
equípment 명 장비

equip A with B A에게 B를 갖추어 주다
be equipped to do ~할 능력을 갖추고 있다

0735
□ **concern**
[kənsə́ːrn]

1관계가 있다 2걱정시키다
명 1관심사 2관계 3걱정
concérning 전 ~에 대하여 (= about)

as[so] far as A is concerned A에 관한 한

0736
□ **impress**
[imprés]

[1]강한 인상을 주다 [2]감동을 주다
impréssion 명 인상, 느낌, 감동
impréssive 형 [1]인상적인 [2]감동적인

0737
□ **dominate**
[dámәneit]

지배하다
dóminance 명 우월
predóminance 명 우세
dóminant 형 지배적인
predóminant 형 우세한

0738
□ **resist**
[rizíst]

[1]저항하다 [2](유혹 등에) 견디다, 참다
resístance 명 저항
resístant 형 저항하는
irresístible 형 저항할 수 없는

0739
□ **protest**
[prətést]
↑ 액센트주의

항의하다, 주장하다
명 항의, 이의신청

0740
□ **conquer**
[káŋkər]

정복하다
cónquest 명 정복
cónqueror 명 정복자

0741
□ **surrender**
[səréndər]

[1]항복하다 [2]포기하다 (= give up)
명 항복

surrender to A A에게 항복하다
(= yield to A, submit to A)

0742
□ **govern**
[gʌ́vərn]

[1]다스리다 [2]지배하다 [3]좌우하다
góvernment 명 [1]통치 [2]정치 [3]정부
góvernor 명 (미국의) 주지사

0743
□ **organize**
[ɔ́:rgənaiz]

조직하다
organizátion 명 조직(화)

0744
□ **prevail**
[privéil]

[1]지배하다 [2](널리·일반적으로) 보급하다
prévalent 형 보급하고 있는
prevàiling 형 [1]널리 보급되고 있는 [2]지배적인

0745
□ **abolish**
[əbɑ́liʃ]
└ 액센트주의

(법률 등을) 폐지하다 (= do away with)
abolítion 명 폐지

0746
□ **suspect**
[səspékt]

[1]이상하다고 생각하다 [2](~이 아닌가 하고) 생각하다
명 [sʌ́spekt] 용의자
suspícion 명 의심
suspícious 형 [1]의심스러운 [2]의심이 깊은

suspect that절 ~이 아닌가 생각하다
doubt that절 ~가 아니라고 생각하다
ex) I suspect that she is lying.
(그녀가 거짓말을 하고 있는 것이 아닌가 생각된다.)
I don't doubt that she is lying.
(그녀가 틀림없이 거짓말을 하고 있다고 생각한다.)

0747
□ **inquire**
[inkwáiər]

물어보다, 묻다
inquíry 명 [1]문의, 조회 [2]조사, 연구

inquire after A A의 안부를 묻다, A를 문병하다

0748
explore [iksplɔ́ːr]

탐험하다
explorátion 명 탐험
explórer 명 탐험가

0749
investigate [invéstəgeit] (액센트주의)

조사하다, 연구하다
investigátion 명 조사, 연구

0750
survey [səːrvéi] (액센트주의)

[1]개관하다 [2]조사하다
명 [sə́ːrvei] [1]개관 [2]조사

0751
pursue [pərsúː]

[1]추적하다 (= chase) [2]추구하다 [3](일 등에) 종사하다
pursúit 명 [1]추적 [2]추구 [3]일, 연구

0752
refer [rifə́ːr]

[1]언급하다 [2]참조하다
réference 명 [1]언급 [2]참조 [3]조회

refer to A A에게 언급하다, A를 참조하다
refer to A as B A를 B라고 말하다

0753
reveal [rivíːl]

[1]분명히 하다 [2](숨겨져 있는 것을) 보여주다 (= disclose)

0754
note [nóut]

[1]메모하다 [2]주의하다, 눈치채다 (= notice)
[3]언급하다 (= mention)
명 [1]메모 [2]짧은 편지 [3](악기 등의) 음, 음조 (= tone)
[4]지폐 (= bill) [5]주석

nótable 형 주목할 만한, 저명한
nóted 형 저명한
nóteworthy 형 주목할 가치가 있는

0755
- **debate** [dibéit]

토론하다, 토의하다
명 토론

0756
- **demonstrate** [démənstreit] ㄴ 액센트주의

[1](실례를 들어) 설명하다 [2]실증하다
demonstrátion 명 [1]실연 [2]실증 [3]데모, 시위운동

0757
- **identify** [aidéntəfai]

[1]누구인가를 알다 [2]동일의 것으로 간주하다
identificátion 명 [1]신원확인 [2]동일시, 동일화
idéntity 명 [1]신원 [2]동일인 것 [3]개성, 독자성
identical 형 동일의

identification [identity] card 신원증명서
ex) Can you identify your bag?
(어떤 것이 당신의 가방인지 확인할 수 있습니까?)
People tend to identify wealth with happiness.
(사람들은 부를 행복과 동일시하는 경향이 있다.)

0758
- **describe** [diskráib]

[1]묘사하다 [2]말하다
descríption 명 묘사, 기술
descríptive 형 기술적인

0759
- **illustrate** [íləstreit]

[1]예증하다 [2]삽화를 넣다
illustrátion 명 [1]실례 [2]예증 [3]삽화
illustrátive 형 설명에 도움이 되는

0760
estimate
[éstəmeit]
└ 액센트주의

[1]평가하다 [2]견적하다
명 [1]평가 [2]견적(액)

0761
interpret
[intə́ːrprit]
└ 액센트주의

[1]해석하다 [2]통역하다
interpretátion 명 [1]해석 [2]통역
intérpreter 명 통역사

0762
exaggerate
[igzǽdʒəreit]

과장하여 말하다
exaggerátion 명 과장, 과장된 표현

0763
persuade
[pəːrswéid]
└ 액센트주의

[1]설득하다 [2]확인시키다
persuásion 명 설득
persuásive 형 설득력이 있는

0764
dissuade
[disswéid]
└ 액센트주의

그만두게 하다, 말리다

dissuade A from doing A에게 ~ 하지 않도록 말리다

0765
conform
[kənfɔ́ːrm]

[1](규칙 등에) 따르다 [2]일치시키다
confórmity 명 [1]규칙 등에 따르는 것 [2]일치

conform to A A에 따르다
conform A to B A를 B에 일치[순응]시키다

0766
assure
[əʃúər]

[1]보증하다 [2]확신시키다
assúrance 명 [1]보증 [2]확신

assure A of B A에게 B를 확신시키다
assure A that절 A에게 ~을 확신시키다

0767
approve
[əprúːv]
발음주의

찬성하다, 시인하다
disappróve 동 찬성하지 않다
appróval 명 찬성, 승인
disappróval 명 불찬성, 불승인

0768
consent
[kənsént]
액센트주의

동의하다
명 동의
dissént 동 의견이 다르다

0769
convince
[kənvíns]

[1]납득시키다 [2]확신시키다
convíction 명 [1]확신 [2]신념 [3]유죄판결

convince A of B A에게 B를 확신시키다
convince A that절 A에게 ~을 확신시키다

0770
claim
[kléim]

[1](당연한 권리로서) 요구하다 [2]주장하다
명 [1]요구 [2]주장

0771
oppose
[əpóuz]

[1]반대하다 [2]대립시키다
ópposite 형 반대(측)의 명 정반대의 것(사람)
opposítion 명 [1]반대 [2]반대자

oppose to A... (×)
oppose A... (○) A에 반대하다

0772
impose
[impóuz]

[1](의무 등을) 부과하다,
[2](의견 등을) 강요하다 (= force, inflict)
impósing 형 당당한

impose A on B A를 B에 부과하다[강요하다]

0773
□ **confront**
[kənfrʌ́nt]

[1]직면하다 [2]맞서다 (= face)
confrontátion 명 [1]직면 [2]대결

be confronted with[by] A
A와 직면하다 (= be faced with[by] A)

0774
□ **inspect**
[inspékt]

검사[조사]하다
inspéction 명 [1]검사 [2]조사

0775
□ **neglect**
[niglékt]

[1]무시하다 [2]게을리 하다
명 [1]무시 [2]태만
négligence 명 태만
négligent 형 태만한, 부주의한
négligible 형 무시해도 좋은, 대수롭지 않은

0776
□ **overlook**
[ouvərlúk]

[1]빠뜨리다 (= miss) [2]대충 보다 [3]내려다 보다

0777
□ **mistake**
[mistéik]

[1]잘못 생각하다 [2]오해하다
명 [1]잘못 [2]오해
mistáken 형 틀린, 오해한

mistake A for B A를 B로 잘못보다 (= take A for B)
You are mistaken. 너는 잘못 생각하고 있다.

0778
□ **concentrate**
[kánsəntreit]
액센트주의

[1]집중하다 [2]전념하다
concentrátion 명 [1]집중 [2]전념

concentrate A on[upon] B A를 B로 집중하다
concentrate on[upon] A A에 전념하다

0779
□ **emphasize**
[émfəsaiz]

강조하다
émphasis 명 강조, 중요시

0780
□ **stress**
[strés]

강조하다
명 [1]강조 [2]압도 [3]스트레스, 긴장

0781
□ **conclude**
[kənklúːd]

[1]결론을 내리다 [2]끝내다
conclúsion 명 [1]결론 [2]결말
conclúsive 형 결정적인

0782
□ **adjust**
[ədʒʌ́st]

[1]적합하게 하다 [2]조절하다 [3](환경 등에) 익숙해지다

adjust A to B A를 B에 적합하게 하다

0783
□ **settle**
[sétl]

[1]해결하다 (= solve) [2]정착하다
[3](마음·심경을) 진정시키다
séttlement 명 [1]정착 [2]입주(지)
séttle 명 개척이민

0784
□ **announce**
[ənáuns]

[1]공표하다 [2]알리다

0785
□ **broadcast**
[brɔ́ːdkæst]

방송하다
명 방송
형 방송된

broadcasting station 방송국

0786
□ **quote**
[kwóut]

[1]인용하다 [2]시세를 매기다, 견적을 내다
quotátion 명 인용(문)

0787
□ **compose**
[kəmpóuz]

[1]구성하다 [2](문장이나 곡을) 만들다, 작곡하다 [3]마음을 가라앉게 하다

composítion 명 [1]구성 [2]작품 [3]기질
compósure 명 침착, 평정
compóser 명 작곡가

compose[collect] oneself 마음을 가라앉게 하다
be composed[collected] 마음을 차분하게 하다

0788
□ **specialize**
[spéʃəlaiz]

전문으로 하다, 전공하다

specializátion 명 전문화
spécial 형 [1]특별한 [2]전문적인

specialize[major] in A A를 전문으로 하다, 전공하다

0789
□ **recollect**
[rekəlékt]

생각나게 하다

recolléction 명 [1]회상 [2]재수집 [3]기억력

0790
□ **recall**
[rikɔ́:l]

생각나게 하다

명 [1]회상 [2](자동차 등의) 리콜

0791
□ **predict**
[pridíkt]

예언하다

predíction 명 예언
unpredíctable 형 예측할 수 없는

0792
□ **perceive**
[pərsí:v]

[1]지각하다 [2]눈치채다 [3]이해하다

percéption 명 지각, 인식
percéptible 형 지각할 수 있는
percéptive 형 지각의, 지각이 예민한

0793
□ **imply**
[implái]

암암리에 의미하다, 암시하다
implicátion 명 함축, 연루, 밀접한 관계

0794
□ **vary**
[vɛ́əri]

[1]변하다, 변하게 하다 [2]달라지다
variátion 명 변화
varíety 명 [1]다양성 [2]종류
várious 형 다양한
váriable 형 변하기 쉬운

a variety of A 다양한 A

0795
□ **replace**
[ripléis]

[1]대체하다 (= take the place of) [2]제자리에 놓다 [3]교환하다
replácement 명 교환, 대체물, 보충병

replace A with [by] B A(낡은 것)를 B(새 것)로 교환하다 * A와 B의 어순에 주의.
ex) Seoul has replaced most of the street-cars with buses long time ago.
(서울에서는 오래 전에 전차를 거의 버스로 대체하였다.)

0796
□ **substitute**
[sʌ́bstətjuːt]
└ 액센트주의

대용하다
명 대리품 [사람]

substitute A for B A를 B 대신 사용하다
* A와 B의 어순에 주의.
ex) They substituted margarine for butter.
(그들은 버터 대신 마가린을 사용했다.)

0797
□ **adapt**
[ədǽpt]

[1]적합하게 하다 [2]순응시키다 *cf*) adopt 채용하다
adaptátion 명 [1]순응 [2]적응

adáptable 형 융통성 있는, (동식물이) 적응할 수 있는

> adapt A to B A를 B에 적합하게 하다

0798
excel [iksél] ㄴ액센트주의

낫다, 능가하다
éxcellence 명 우수함
éxcellent 형 우수한, 아주 훌륭한

0799
exceed [iksí:d]

1 넘다 2 낫다
excéss 명 초과
excéssive 형 도를 넘은
excéedingly 부 대단히

0800
reduce [ridjú:s]

1 감소시키다, 감소하다 2 (좋지 않은 상태로) 바꾸다
redúction 명 1 감소 2 할인 (가격인하)

> be reduced to ~ing ~하는 지경이 되다
> reduce A to B A를 B(좋지 않은 상태)로 바꾸다, 만들다

0801
shift [ʃíft]

1 (방향 등을) 바꾸다 2 옮기다
명 1 변화 2 (근무의) 교대

0802
convey [kənvéi]

1 나르다 2 (사상 등을) 전하다
convéyance 명 수송(기관)

0803
transfer [trænsfə́:r] ㄴ액센트주의

1 옮기다 2 갈아타다
명 [trǽnsfə:r] 1 이전 2 갈아타기

0804
□ **transform**
[trænsfɔ́ːrm]

변형시키다
transformátion 명 변형

0805
□ **unite**
[ju(ː)náit]

[1]결합하다, 통합하다 [2]단결시키다, 단결하다
únit 명 (구성) 단위
únity 명 단일(성), 조화

the United Nations 국제연합

0806
□ **encounter**
[inkáuntər]

우연히 만나다 (= come across)
명 우연한 만남

0807
□ **participate**
[pɑːrtísipeit]
└ 액센트주의

[1]참가하다 [2]관여하다
participátion 명 [1]참가 [2]관여
partícipant 명 [1]참가자 [2]관계자

participate in A A에 참가하다
(= take part in A, partake in A)

0808
□ **accompany**
[əkʌ́mpəni]

[1]동행하다, 동반하다 [2]부수하여 일어나다, [3](음악) 반주를 하다
accómpaniment 명 [1]부속물, 딸린 것 [2]반주

A accompanies B B에게는 A가 동행하다[수반되다]
ex) Misery accompanies war.
(전쟁에는 비참함이 수반된다.)
[참고] accompany는 타동사이므로 accompany with A로 쓰지 않음에 주의.

0809
□ **separate**
[sépəreit]
└ 액센트주의

[1]가르다, 분리하다 [2]헤어지다
형 떨어진
separátion 명 분리

0810
□ **depart**
[dipɑ́ːrt]

출발하다
depárture 명 출발

0811
□ **attach**
[ətǽtʃ]

[1]붙이다 [2]애착을 가지게 하다
attáchment 명 [1]부속품 [2]애착

be attached to A / attach oneself to A
A에게 애착을 느끼고 있다, A에 소속하고 있다

0812
□ **transport**
[trænspɔ́ːrt]
└ 액센트주의

수송하다
명 [trǽnspɔːrt] 수송
transportátion 명 수송

0813
□ **boast**
[bóust]

자랑하다, 큰소리치다

boast of [about] A A를 자랑하다

0814
□ **envy**
[énvi]

질투하다, 부러워하다
명 질투

0815
□ **insult**
[insʌ́lt]
└ 액센트주의

모욕하다, 욕하다
명 [insʌlt] 모욕

0816
□ **despise**
[dispáiz]

경멸하다 (= look down on)

0817
□ **accuse**
[əkjúːz]

[1]고발[고소]하다 [2]비난하다
accusátion 명 [1]고발 [2]비난

accuse A of B A를 B의 이유로 고발하다[비난하다]

0818
□ **cheat**
[tʃíːt]

[1]속이다 [2]사칭하다
명 부정행위, 컨닝

0819
□ **offend**
[əfénd]

[1]성나게 하다 [2](법률 등을) 위반하다
offénse 명 [1]성내기 [2]위반, 범죄 [3]공격
offénsive 형 [1]불쾌한 [2]공격적인
offénder 명 위반자, 범죄자

0820
□ **defend**
[difénd]

[1]지키다 [2]변호하다
defénse 명 [1]방어 [2]변호
defénsive 형 방어의

0821
□ **upset**
[ʌpsét]

[1]정신을 못차리게 하다 [2](계획 등을) 망쳐 놓다, [3]뒤집어 엎다
명 [1]혼란 [2](몸의) 상태가 나쁜 것 [3]전복, 뒤집힘

0822
□ **excuse**
[ikskjúːz]

[1]용서하다, 참아 주다 [2]변명을 하다
명 변명

excuse oneself for A A의 변명을 하다
excuse A for B A의 B를 용서하다

0823
□ **apologize**
[əpɑ́lədʒaiz]
└ 액센트주의

사과하다
apólogy 명 사죄
apologétic 형 사죄의

apologize (to A) for B (A에게) B의 일로 사과하다

0824
□ **interrupt**
[intərʌ́pt]
└ 액센트주의

[1]방해하다 [2]중단하다

0825
□ **irritate**
[írəteit]

초조하게 하다
irritátion 명 짜증나게 함
írritable 형 화를 잘내는, 안달하는
írritating 형 흥분시키는, 자극하는

0826
□ **annoy**
[ənɔ́i]

성가시게 굴다
annóyance 명 약오름
annóying 형 성가신

0827
□ **bother**
[bɑ́ðər]

[1]곤란하게 하다, 폐를 끼치다 [2]걱정하다, 근심하다
명 [1]귀찮음 [2](a bother로 쓰여) 근심의 씨앗
bóthersome 형 귀찮은, 성가신

bother to do 일부러 ~하다

0828
□ **tolerate**
[tɑ́ləreit]

[1]너그럽게 보아주다 [2]참다
(= bear, endure, stand, put up with)
tólerance 명 관용
tólerant 형 관대한
intólerant 형 참을 수 없는, 옹졸한

0829
□ **instruct**
[instrʌ́kt]

[1]가르치다 [2]지시하다
instrúction 명 [1]가르치는 것 [2]지시

0830
□ **graduate**
[grǽdʒueit]

졸업하다
명 [grǽdʒuət] [1](대학의) 졸업생 [2]대학원생
graduátion 명 졸업

graduate from A A를 졸업하다

0831
- promote
  [prəmóut]

[1]촉진하다 [2]승진시키다
promótion 명 [1]승진 [2]촉진

0832
- quit
  [kwít]

그만두다

> **quit doing** ~하는 것을 그만두다
> quit to do ~ (×)
> *ex*) He quit smoking. (그는 담배를 끊었다.)

0833
- retire
  [ritáiər]

[1]퇴직하다 [2]물러가다
retírement 명 [1]퇴직 [2]연금
retíred 형 퇴직한
retíring 형 은퇴하는, 은거하고 있는

0834
- resign
  [rizáin]
  발음주의

[1]사직하다 [2]단념하다
resignátion 명 [1]사직 [2]단념

0835
- contribute
  [kəntríbju(:)t]
  액센트주의

[1]공헌하다, 기여하다 [2]기부하다
contribútion 명 [1]공헌 [2]기부

> **contribute to A** A에게 공헌하다, A에 기여하다
> **contribute A to B** A를 B에 기부하다

0836
- devote
  [divóut]

바치다 (= dedicate)
devótion 명 헌신

> **devote oneself to A** A(일 등)에 전념하다
> (= be devoted to A)

0837
- omit
  [oumít]
  액센트주의

[1]생략하다 [2]게을리하다, 잊다
omíssion 명 [1]생략, 탈락 [2]태만

0838
□ **skip**
[skíp]

[1]가볍게 뛰다 [2]건너뛰어 읽다 [3](수업 등을) 빼먹다

skip a class 수업을 빼먹다
skip breakfast 아침을 먹지 않다

0839
□ **isolate**
[áisəleit]

[1]고립시키다 [2]분리하다

isolátion 명 [1]고립 [2]분리
ísolated 형 [1]고립한 [2]분리한

0840
□ **combine**
[kəmbáin]

결합시키다

combinátion 명 [1]꾸며 맞추는 것 [2]결합

combine A with B A를 B와 결합시키다

0841
□ **hesitate**
[hézəteit]
└ 액센트주의

주저하다

hesitátion 명 주저함, 망설임
hésitant 형 우물쭈물하는

hesitate to do ~하는 것을 망설이다

0842
□ **refrain**
[rifréin]

자제하다

명 (노래나 시의) 후렴

refrain from A A를 자제하다
ex) Please refrain from smoking.
(담배는 자제해 주세요.)

0843
□ **forbid**
[fə*r*bíd]

금지하다

forbid A to do A가 ~하는 것을 금지하다

0844
□ **prohibit**
[prou*h*íbit]

금지하다

prohibítion 명 금지

prohibit A from doing = prohibit A's doing
A가 ~하는 것을 금하다

0845
□ **restrict**
[ristríkt]

제한하다 (= limit)
restríction 명 제한

restrict A to B A를 B로 제한하다

0846
□ **preserve**
[prizə́ːrv]

[1]**보존[유지]하다** [2]**보호하다**
명 금수구역
preservátion 명 [1]보존 [2]보호

0847
□ **reserve**
[rizə́ːrv]

[1]**남겨두다** [2]**예약하다** (= book)
명 [1]저축 [2]사양
reservátion 명 [1]보존 [2]예약
resérved 형 [1]예약한 [2]말수가 적은, 서먹서먹한

0848
□ **ascend**
[əsénd]

오르다, 올라가다
ascént 명 올라감, 상승

0849
□ **descend**
[disénd]

[1]**내려가다, 하산하다** [2]**전하다, 유전하다**
descéndant 명 자손 (↔ ancestor 선조)
descént 명 [1]강하 [2]혈통

be descended from A
(사람이) A의 자손이다, (언어 등이) A에 유래하다

0850
□ **associate**
[əsóuʃieit]

[1]**연상하다** [2]**교제하다**
명 동료
associátion 명 [1]연상 [2]교제 [3]협회

associate A with B A로 B를 연상하다
* A와 B의 어순에 주의.

ex) We associate the name of Newton with the law of gravitation
(뉴턴의 이름을 들으면 만유인력의 법칙을 연상한다.)

0851
☐ **explode** [iksplóud]
폭발하다, 폭발시키다
explósion 명 폭발
explósive 형 폭발성의

0852
☐ **sustain** [səstéin]
[1]지탱하다 (= support) [2]유지하다 (= maintain)

0853
☐ **confine** [kənfáin]
[1]제한하다 [2]가둬놓다
confíned 형 제한된, 좁은

0854
☐ **restrain** [riːstréin]
억제하다
restráint 명 억제

restrain A from doing A에게 ~ 하는 것을 그만두게 하다

0855
☐ **found** [fáund]
설립하다 (= establish, set up)
foundátion 명 [1]창립 [2]토대

0856
☐ **adopt** [ədɑ́pt]
[1](기술 등을) 채용하다 [2]양자로 하다
adóption 명 [1]채용 [2]양자 결연

0857
☐ **revise** [riváiz]
[1]개정하다 [2]수정하다
revísion 명 [1]개정 [2]수정

0858
☐ **launch** [lɔ́ːntʃ]
└ 발음주의
[1](배를) 진수시키다, (로켓트 등을) 쏘아 올리다 [2]개시하다
명 진수, 발사

0859
□ **wander** 방황하다 *cf*) wonder 이상하게 여기다
[wɑ́ndər]
└ 발음주의

0860
□ **arouse** [1](감정을) 자극하다 [2]눈뜨게 하다
[əráuz]
└ 발음주의

0861
□ **stimulate** (감정 등을) 자극하다
[stímjəleit]
stimulátion 명 자극
stímulus 명 자극하는 것

0862
□ **mental**
[méntl]

[1]마음의 [2]지적인
mentálity 명 [1]정신력 [2]성격, 심성

0863
□ **physical**
[fízikəl]

[1]물질의 [2]물리(학)의 [3]신체의
phýsics 명 물리학
phýsicist 명 물리학자
physícian 명 의사, 내과의 (↔ surgeon 외과의)

0864
□ **male**
[méil]

남자의, 수컷의
명 남성, 수컷

0865
□ **female**
[fíːmeil]

여자의, 암컷의
féminine 형 여성다운

0866
□ **awkward**
[ɔ́ːkwərd]

[1]어색한, 서투른 [2](사람이) 침착하지 않은
[3](입장·문제 등이) 힘든, 귀찮은

0867
□ **slender**
[sléndər]

[1]호리호리한, 가느다란 [2]근소한

0868
□ **brilliant**
[bríljənt]

[1]빛나는, 찬란한 [2]훌륭한
brílliance 명 [1]훌륭함 [2]훌륭한 재능

0869
□ **competent** [kámpətənt] ㄴ 액센트주의
능력이 있는
incómpetent 형 무능한
cómpetence 명 능력

0870
□ **eminent** [émənənt]
[1]저명한 [2]훌륭한, 탁월한 (= outstanding)
éminence 명 명성

0871
□ **eloquent** [éləkwənt] ㄴ 액센트주의
웅변적인
éloquence 명 웅변

0872
□ **cunning** [kʌ́niŋ]
교활한, 간사한
명 교활함

cheat in an examination 컨닝하다

0873
□ **wicked** [wíkid] ㄴ 발음주의
사악한 (= evil)

0874
□ **absurd** [æbsə́ːrd]
[1]부조리한 [2]어리석은
absúrdity 명 불합리, 부조리, 어리석은 일

0875
□ **jealous** [dʒéləs] ㄴ 발음주의
[1]질투가 많은 [2]투기하는
jéalousy 명 질투, 투기

0876
□ **generous** [dʒénərəs]
[1]관대한 [2]아낌없이 주는
generosity 명 [1]관대 [2]아량

0877
□ **noble** [nóubl]
고상한, 고귀한
nobílity 명 [1]고결 [2]귀족

0878
□ **decent** [díːsnt] ㄴ 발음주의
[1](복장 등이) 남보기 흉하지 않은 [2](태도·생각 등이) 점잖은 [3]상당한

indécent 형 버릇없는, 점잖치 못한

0879
modest [mɑ́dist]
[1]겸허한 (= reserved) [2](요구 등이) 온당한
módesty 명 [1]겸허 [2]절도

0880
active [ǽktiv]
[1]능동적인 [2]적극적인
áctivate 동 활동적으로 하다
actívity 명 [1]활동 [2]활발함

0881
passive [pǽsiv]
[1]수동적인 [2]소극적인
passívity 명 수동성, 소극성

0882
enthusiastic [enθuːziǽstik]
└ 액센트주의
열광적인
enthúsiasm 명 열광

0883
reluctant [rilʌ́ktənt]
싫어하는, 마음 내키지 않는
relúctance 명 마음 내키지 않는 것, 마지 못해 함

be reluctant to do ~ 하는 것을 싫어하다
(= be unwilling to do)
ex) She was reluctant to be photographed.
(그녀는 사진을 찍히는 것을 싫어했다.)

0884
cynical [sínikəl]
냉소적인, 빈정대는
cýnicism 명 냉소적인 생활태도, 사고 방식

0885
rigid [rídʒid]
[1](성격·생각 등이) 엄격한 [2]딱딱한
rigídity 명 엄격함

0886
tender [téndər]
[1]부드러운 [2]상처나기 쉬운 [3](고기 등이) 연한 [4]부서지기 쉬운

0887
□ **calm** [kɑ́:m] 발음주의
[1](일기 · 바다 등이) 온화한 [2](사람·태도 등이) 냉정한
명 [1]조용함 [2]냉정함
동 [1]가라앉히다, 가라앉다 [2]침착하게 하다

0888
□ **violent** [váiələnt]
[1]격한 [2]난폭한
víolence 명 [1]격함 [2]폭력

0889
□ **intense** [inténs]
강렬한
inténsify 동 세게 하다
inténsity 명 강렬함
inténsive 형 격한, 집중적인

0890
□ **hostile** [hɑ́stl]
적의가 있는
hostílity 명 적의

0891
□ **aggressive** [əgrésiv]
공격적인
aggréssion 명 공격

0892
□ **uneasy** [ʌní:zi]
불안한, (마음이) 가라앉지 않은

0893
□ **timid** [tímid]
겁많은, 소심한, 내성적인
timídity 명 소심, 수줍음

0894
□ **nervous** [nə́:rvəs]
[1]신경의 [2]신경질적인 [3]겁많은
nérve 명 [1]신경 [2](*pl.*) 신경과민

have the nerve to do 낯 뜨겁게도 ~ 하다
get on A's nerves A(사람)의 신경을 건드리다

0895
- **insane** [inséin]

광기의, 비상식적인
sáne 형 제정신의, 사리분별이 있는
insánity 명 광기
sánity 명 제정신

0896
- **cautious** [kɔ́:ʃəs]

[1]주의깊은 [2]조심성 있는
cáution 명 [1]조심성 [2]경고

0897
- **laborious** [ləbɔ́:riəs]
발음주의

[1]힘드는 [2]근면한 (= diligent)
lábor 명 노동 동 애쓰며 일하다

0898
- **punctual** [pʌ́ŋktʃuəl]

시간을 엄수하는
punctuálity 명 시간엄수, 정확함

0899
- **talkative** [tɔ́:kətiv]

말이 많은, 이야기하기 좋아하는

0900
- **solitary** [sɑ́lətèri]

고독한
sólitude 명 고독

0901
- **humane** [*h*ju:méin]
발음주의

인도적인, 사람의 도리에 맞는
inhumáne 형 비인도적인
humánity 명 [1]인간성 [2]인류
húmankind 명 인류 (= mankind)
húmanism 명 인간 (중심)주의
húman 형 인간의 명 인간 (= human being)
humanístic 형 인간 (중심)주의의
humanitárian 형 인도주의의

humane과 **human**의 뜻의 차이에 주의

0902
□ **divine**
[diváin]

신의, 신과 같은
divínity 명 신성, 신

0903
□ **compulsory**
[kəmpʌ́lsəri]
└ 액센트주의

강제적인, 의무적인
compúlsion 명 강제
compúlsive 형 강제적인
compél 동 무리하게 ~ 시키다

compel A to do A에게 무리하게 ~ 시키다
compulsory education 의무교육

0904
□ **voluntary**
[vɑ́lənteri]
└ 액센트주의

자발적인
voluntéer 명 지원자

0905
□ **particular**
[pərtíkjulər]
└ 액센트주의

1(어떤) 특정한 2특별한 3깔끔한

be particular about A A에 대해 깔끔한

0906
□ **flexible**
[fléksəbl]

1유연한 2구부리기 쉬운
infléxible 형 1불굴의 2구부리지 않은
flexibílity 명 유연성

0907
□ **firm**
[fə́ːrm]

견고한
명 회사

0908
□ **steep**
[stíːp]

(언덕 등이) 급한, 험한

0909
□ **upright**
[ʌpráit]

1똑바로 선 2정직한
부 똑바로 서서

0910
□ **vacant**
[véikənt]

비어 있는, 사용되고 있지 않은
vacancy 명 1비어 있는 것 2비어 있는 방

vacant room (원래 있어야 할 것이 일시적으로) 비어 있는 방
empty room (사는 사람도 가구도 없이) 안이 텅 비어 있는 방

0911
□ **neat**
[ní:t]

1산뜻한 2솜씨 좋은

0912
□ **tidy**
[táidi]

단정한

neat and tidy로 함께 사용할 때가 많다.
ex) She always kept her room neat and tidy.
(그녀는 그녀의 방을 항상 단정하게 정돈하고 있었다.)

0913
□ **immediate**
[imí:diət]
↑ 발음주의

1즉석의 2직접의
immédiately 부 즉시
접 ~ 하자마자 곧 (= as soon as)

0914
□ **temporary**
[témpərer i]

일시적인
témporal 형 1세속적인 2잠시의

0915
□ **momentary**
[móumənteri]
↑ 액센트주의

순간적인
móment 명 1순간 2시기 3중요(성)
moméntous 형 중요한, 중대한

0916
□ **stable**
[stéibl]

안정된
stábilize 동 안정시키다
stabílity 명 안정(성)

0917
□ **static** [stǽtik]
정적인 (↔ dynamic 동적인)

0918
□ **drastic** [drǽstik]
철저한
drástically 부 철저하게

0919
□ **radical** [rǽdikəl]
[1]근본적인 [2]급진적인

0920
□ **remote** [rimóut]
[1](거리·시간이) 멀리 떨어진 (= distant)
[2](생각·가능성 등이) 희미한

don't have the remotest idea 전혀 모르다, 무엇인지 통 모르겠다
ex) I don't have the remotest idea (of) where he is now.
(그가 지금 어디에 있는지 전혀 모르겠다.)

0921
□ **rural** [rúərəl]
시골의, 전원의

0922
□ **urban** [ə́:rbən]
도시의, 도시에 사는
úrbanize 동 도시화하다
cf) suburbs 교외 / surburban 교외의

0923
□ **faint** [féint]
[1]희미한 [2]허약한
동 실신하다

0924
□ **minute** [mainjú:t] 발음주의
[1]대단히 작은 [2]사소한 [3]상세한
úrbanize 동 도시화하다
cf) minute [mínit] 명 1분

0925
□ **enormous** [inɔ́ːrməs]
거대한

0926
□ **moderate** [mɑ́dərət]
[1](크기·정도 등이) 알맞은 [2]절도[절제] 있는
동 [mɑ́dəreit] 완화하다

0927
□ **queer** [kwíər]
기묘한

0928
□ **ridiculous** [ridíkjuləs]
└ 액센트주의
웃기는, 우스꽝스러운
rídicule 동 비웃다 (= mock, make fun of) 명 비웃음

0929
□ **sufficient** [səfíʃənt]
└ 액센트주의
충분한 (= enough)
insuffícient 형 불충분한

> 동의어인 enough와 마찬가지로 to부정사를 수반하여 사용하는 경우가 많다.
> *ex*) I have sufficient money to buy the car.
> (그 차를 살 만큼의 돈이 있다.)

0930
□ **adequate** [ǽdikwət]
└ 액센트주의
적절한, 충분한
inádequate 형 불적절한, 불충분한
ádequacy 명 적절, 타당성

0931
□ **trivial** [tríviəl]
하찮은, 사소한

0932
□ **significant** [signífikənt]
└ 액센트주의
[1]중대한 [2]의미가 있는
insignifícant 형 [1]사소한 [2]무의미한
sígnify 동 의미하다

significance 명 [1]중요성 [2]의미

0933
□ **magnificent** [1]장려한 [2]장엄한, 훌륭한
[mægnífəsnt]
└ 액센트주의
mágnify 동 [1]확대하다 [2]과장하여 말하다
mágnitude 명 [1]크기 [2]중요성

0934
□ **marvelous** [1]놀라운, 신기한 [2]훌륭한
[mɑ́ːrvələs]
márvel 명 (일·사람) 놀라운 것, 경이
동 놀라다, 이상하게 여기다

marvel at A A에 놀라다 (= be surprised at A)
* 수동형의 형태가 아님에 주의

0935
□ **numerous** 다수의
[njúːmərəs]

0936
□ **immense** 거대한
[iméns]
imménsity 명 거대함
imménsely 부 [1]광대하게 [2]굉장히

0937
□ **extraordinary** 이상한 비상한
[ikstrɔ́ːrdəneri]
órdinary 형 보통의

0938
□ **incredible** [1]믿을 수 없는 [2]어처구니 없는
[inkrédəbl]
crédible 형 신뢰할 수 있는

0939
□ **extreme** 극단적인
[ikstríːm]
명 극단

0940
□ **utmost** 궁극의, 최후의
[ʌ́tmoust]

try[do] one's utmost 최선을 다하다

0941
□ **ultimate** 궁극의, 최후의
[ʌ́ltəmət]

0942
□ **thorough** 철저한, 완전한
[θə́:rou]
└ 발음주의

0943
□ **prime** [1]가장 중요한, 주된 [2]최초의
[práim]
prímary 형 [1]가장 중요한 [2]최초의
prímarily 부 첫째로

the Prime Minister 국무총리, 수상
primary school 소학교

0944
□ **prior** [1](시간·순서가) 먼저의 [2]우선하는
[práiər]
priórity 명 우선(권), 우선사항

prior to A A보다 먼저

0945
□ **initial** 최초의, 처음의
[iníʃəl]
└ 액센트주의
명 (성명·말의) 머리글자
inítiative 명 [1]주도권 [2](정치) 의안 제출권 [3](군대) 선제, 기선
initiátion 명 입회(식), 통과의례
inítiate 동 [1]개시하다 [2](의식 등을 하여) 입회시키다

0946
□ **official** [1]공식의 [2]공무(상)의
[əfíʃəl]
└ 액센트주의
명 [1]공무원 [2]직원 [3]심판(원)
ófficer 명 [1]공무원 [2]장교

0947
□ **legal** [1]합법적인 [2]법률의
[lí:gəl]
illégal 형 위법의

0948
□ **primitive** [1]원시(시대)의 [2]원시적인 [3]미개의
[prímətiv]

0949
□ **savage** [sǽvidʒ]
¹야만적인 ²잔혹한
명 미개인
bárbarism 명 미개(상태), 야만

0950
□ **barbarian** [bɑːrbɛ́əriən]
¹야만적인 ²미개의
명 미개인
bárbarian 명 미개상태

0951
□ **positive** [pɑ́zətiv]
¹긍정적인 ²적극적인 ³명확한 ⁴확신있는
pósitively 부 ¹명확히 ²전혀

0952
□ **negative** [négətiv]
¹부정적인 ²소극적인
명 ¹부정 ²(문제의) 부정적 측면
negátion 명 부정, 부인

0953
□ **subjective** [səbdʒéktiv]
¹주관적인 ²(문법) 주격의

0954
□ **objective** [əbdʒéktiv]
객관적인
명 목적, 목표

0955
□ **concrete** [kɑ́nkriːt]
¹구체적인, 명확한 ²실제(현실)의 ³콘크리트(제)의
명 콘크리트

0956
□ **abstract** [ǽbstrækt]
└ 액센트주의
추상적인
명 추상(개념) 동 [əbstrǽkt] 끌어내다
abstráction 명 ¹추상(관념) ²분리, 제거

0957
□ **relative** [réləti v]
¹상대적인 ²비교상의
명 ¹친척 ²친족

rélatively 부 비교적, 상대적으로

0958
□ **absolute** [ǽbsəluːt]
└ 액센트주의

[1]완전한 [2]절대적인
absolútism 명 절대주의
ábsolutely 부 절대적으로

0959
□ **literate** [lítərit]

읽고 쓰기를 할 수 있는
illíterate 형 읽고 쓰기를 할 수 없는
líteracy 명 읽고 쓸 줄 앎

0960
□ **literal** [lítərəl]

[1]문자대로의 [2]문자의
líterarlly 부 문자대로의
líterature 명 문학
líterary 형 문학의

literal 글자 그대로의
literary 문학의, 문학적인
literate 읽고 쓰기를 할 수 있는, 교양있는

0961
□ **dogmatic** [dɔ(ː)gmǽtik]

[1]독단적인 [2](종교 등의) 교리상의
dógma 명 [1]독단 [2](교회의) 교리

0962
□ **rational** [rǽʃənl]

[1]합리적인 [2]이성적인
irrátional 형 불합리한
rationálity 명 합리성
rátionalize 동 합리화하다

0963
□ **fundamental** [fʌndəméntl]
└ 액센트주의

근본적인
명 (*pl.*) 기본, 원리

0964
□ **complicated** [kάmpləkeitid]
└ 액센트주의

복잡한 (= complex, intricate)
cómplicate 동 복잡하게 하다
complicátion 명 (상황 등의) 복잡화, 귀찮은 문제

0965
□ **concise** [kənsáis] (액센트주의)
(말·문법 등이) 간결한

0966
□ **obvious** [ɑ́bviəs] (액센트주의)
명백한, 뚜렷한

0967
□ **accurate** [ǽkjurət] (액센트주의)
정확한
ináccurate 형 부정확한
áccuracy 명 정확함

0968
□ **precise** [prisáis]
정확한
precísion 명 정확
precísely 부 정확히

0969
□ **obscure** [əbskjúər]
1분명치 않은, 애매한 2눈에 띄지 않는, 외진
동 가리다, 덮다
obscúrity 명 1불분명 2무명인 것

0970
□ **vague** [véig]
1(말·관념·감정이) 애매한 2(형태·색이) 흐릿한, 희미한

obscure 표현이 부정확하고, 무엇이 숨겨져 있어 불명료한
vague 말·뜻·생각·감정 등이 막연한
ambiguous 부적절한 표현 때문에 두 가지 이상의 해석이 성립되어 모호한

0971
□ **misleading** [mislí:diŋ]
사람의 판단을 잘못하게 하는, 오해를 초래하기 쉬운
misléad 동 판단을 잘못하게 하다

0972
□ **contrary** [kɑ́ntreri]
반대의 (= opposite), ~에 반하는
명 역 동 반대하다

on the contrary (문장 앞, 중간에 위치해) 이에 반하여, 그러기는 커녕
to the contrary (수식되는 말 뒤에 위치해) 그와 반대로, 그렇지 않다는

ex) A : "This is expensive, isn' t it?"
B : "On the contrary, it cost just two dollars."
A : 이거 비싸죠, 그렇죠?
B : 반대로 그건 2달러 밖에 안했어.

We have no evidence to the contrary.
(그렇지 않다고 말할 수 있는 증거는 없다.)

0973
□ **alternative**
[ɔ:ltə́:rnətiv]
↑ 액센트주의

[1]양자택일의 [2]대신의, 선택가능의
명 [1]양자택일 [2]대안, 달리 취할 길
álternate 동 교대하다 형 번갈아 하는

ex) There is no fuel alternative to oil for the moment.
(현재 석유를 대체하는 연료는 없다.)

0974
□ **available**
[əvéiləbl]

[1]이용할 수 있는 [2]입수할 수 있는 [3](사람이) 면회 가능한
avàil 동 도움이 되는 명 이익, 효력

avail oneself of A A를 이용하다

0975
□ **verbal**
[və́:rbəl]

말의, 말에 의한
nonvérbal 형 말에 의하지 않는
vérb 명 동사

0976
□ **oral**
[ɔ́:rəl]

[1]구술의 [2]입에 의한

0977
□ **learned**
[lə́:rnid]
↑ 발음주의

학문이 있는, 박학한

0978
□ **bound**
[báund]

[1]속박된 [2]꼭 ~ 하게 되어 있는
명 (*pl.*) 경계, 한계
동 (공 등이) 튀어오르다

be bound to do 꼭 ~ 하다
be bound for A (열차 등이) A행이다

0979
□ **indispensable**
[indispénsəbl]

필요불가결한 (= essential)

0980
□ **inevitable**
[inévitəbl]

피할 수 없는, 부득이한
inévitably 부 필연적으로, 불가피하게

0981
□ **splendid**
[spléndid]

[1]훌륭한 [2]호화스러운
spléndor 명 [1]반짝임 [2]호화스러움

0982
□ **commonplace**
[kámənpleis]

[1]평범한 [2]진부한, 흔해 빠진
명 [1]뻔한 말(이야기) [2]진부한 말

0983
□ **efficient**
[ifíʃənt]
└ 액센트주의

[1]능률적인 [2]유능한
inefficient 형 비능률적인
efficiency 명 능률, 효율

0984
□ **potential**
[pəténʃəl]

잠재적인, 가능성을 내포한
명 가능성, 잠재력

0985
□ **deliberate**
[dilíbərət]
└ 액센트주의

[1](사람·언어·생각 등이) 신중한 [2]고의의 (= intentional)
deliberátion 명 [1]숙고 [2]신중함
delíberately 부 [1]신중히 [2]고의로
(= intentionally, on purpose)

0986
□ **alien**
[éiljən]

[1]외국(인)의 [2]이질의
명 우주인, 외국인 (foreigner가 보통)
alienátion 명 소외
álienate 동 (친구 등을) 소원하게 하다, 멀리하다

0987
□ **domestic**
[dəméstik]

[1]가정의, 가정적인 [2]국내의 [3]길든 (= tame)
doméssticate 동 길들이다 (= tame)
domesticátion 명 사육
domestícity 명 가정생활

domestic animal 가축

0988
□ **native**
[néitiv]

[1]모국의 [2]그 나라에서 태어난
명 그 나라에서 태어난 사람

native language[tongue] 모국어

0989
□ **widespread**
[wáidspred]

광범위에 이르는

0990
□ **muddy**
[mʌ́di]

[1]진흙 투성이의 [2]흐린, 선명치 않은
múd 명 진흙, 진창

0991
□ **dense**
[déns]

[1](사람이) 밀집한 [2](액체·습기 등이) 짙은
dénsity 명 [1]밀집 [2]밀도

dense fog [mist] 짙은 안개
deep fog [mist] … (×)
population density 인구밀도

0992
□ **tremendous**
[triméndəs]

[1]거대한 [2]무시무시한

0993
□ **barren**
[bǽrən]

[1](토지가) 불모의 (= sterile) [2]내용이 없는
명 불모의 땅

0994
□ **artificial**
[ɑːrtəfíʃəl]
└ 액센트주의

[1]인공의, 인조의 [2]부자연한

artificial intelligence 인공지능

0995
□ **genuine**
[dʒénjuin]
└ 액센트주의

[1]진짜의 [2]마음으로부터의, 성실한

0996
□ **feeble**
[fíːbl]

연약한, 허약한

0997
□ **acute**
[əkjúːt]

[1]날카로운, 뾰족한 [2]심한, 격한 [3]급성의

0998
□ **royal**
[rɔ́iəl]

왕실의, 왕의

0999
□ **accustomed**
[əkʌ́stəmd]

익숙한
accústom 동 익숙하게 하다

be [get, become] accustomed to A A에 익숙하다, 익숙하게 되다 (= be [get, become] used to A)

1000
□ **manual**
[mǽnjuəl]

손이나 육체를 사용하여 하는, 수동의
명 소책자, 안내서

manual labor 육체노동

1001
□ **swift**
[swíft]

[1]신속한 [2]즉석의

1002
□ **missing**
[mísiŋ]
행방불명의, 분실한, 없어진

1003
□ **military**
[míliteri]
1군대의 2군인의
명 군대
mílitarism 명 군국주의

1004
□ **nuclear**
[n(j)ú:kliər]
핵의, 원자력의

nuclear weapon 핵병기, 무기
nuclear reactor 원자로
nuclear disarmament 핵군축
nuclear energy 원자력
nuclear family 핵가족

1005
□ **current**
[kə́:rənt]
1현재의 2통용되고 있는, 널리 퍼진
명 1흐름 2풍조, 경향 3전류
cúrrency 명 통화

1006
□ **intimate**
[íntəmət]
↑ 액센트주의
1친밀한 2(지식 등이) 깊은
íntimacy 명 친밀

1007
□ **external**
[ikstə́:rnəl]
외부의
intérnal 형 내부의

1008
□ **shallow**
[ʃǽlou]
1얕은 2천박한

1009
□ **renewable**
[rinjú:əbl]
재생 가능한

1010
- deadly [dédli]
  [1]생명에 관계되는 [2]치명적인 [3]과도의
  부 몹시, 극도로

1011
- seemingly [sí:miŋli]
  부 외견상은, 겉으로는 (= apparently)
  séeming 형 외견상의, 표면상의

1012
- besides [bisáidz]
  부 ~외에[밖에], 더욱이 (= in addition)
  전 [1]~의 밖에 [2]~에 추가하여 (= in addition to)

  beside A A의 옆에
  besides A A의 외에, A에 추가하여

1013
- accordingly [əkɔ́:rdiŋli]
  부 [1]그것에 응하여 [2]따라서
  accórd 동 일치하다 명 일치

  according to A A에 의하면, A에 따라서

1014
- virtually [və́:rtʃuəli]
  부 실질적으로는, 거의 (= practically, almost)
  vírtual 형 실질상의

1015
- namely [néimli]
  부 즉, 다시 말해서 (= that is (to say))

1016
- eventually [ivéntʃuəli]
  부 결국은
  evéntual 형 결과로서 일어나는

1017
□ **optimism** [ɑ́ptəmizm]
낙관(주의)
óptimist 명 낙관론자
optimístic 형 낙관적인, 낙관주의의

1018
□ **pessimism** [pésəmizəm]
비관(주의)
péssimist 명 비관론자
pessimístic 형 비관적인, 비관주의의

1019
□ **defect** [difékt]
결점, 결함
deféctive 형 [1]결함, 결점이 있는 [2]모자라는 점이 있는

1020
□ **virtue** [və́ːrtʃuː]
[1]미덕 [2]장점
vírtuous 형 고결한

1021
□ **vice** [váis]
악덕
vícious 형 악의가 있는

1022
□ **strength** [stréŋkθ]
힘, 강도
stréngthen 동 강하게 하다

1023
□ **effect** [ifékt]
[1]영향 [2]효과 [3]결과
efféctive 형 효과적인, 효력이 있는
ineffféctive 형 효과가 없는, 쓸모없는
efféctiveness 명 유효성

to the effect that절 ~라고 하는 취지의

1024
□ **aspect**
[ǽspekt]
└ 액센트주의

[1]측면 [2]외관 [3]용모

1025
□ **medium**
[míːdiəm]

[1]중간 [2]매체 [3]수단, 방법
[4](pl. media) 대중전달매체, 매스미디어
형 중간의, 가운데의

1026
□ **barrier**
[bǽriər]
└ 액센트주의

[1]장애 [2]방벽

1027
□ **prospect**
[prάspekt]

[1]전망, 예상 [2]경치, 조망

1028
□ **expense**
[ikspéns]

비용, 지출
expénd 동 지출하다
expénditure 명 지출
expénsive 형 고가의
inexpénsive 형 값이 싼

at the expense of A A를 희생으로 하여, A의 비용으로
(= at A's expense)

1029
□ **allowance**
[əláuəns]
└ 발음주의

용돈
allów 동 허가하다

allow for A A를 고려에 넣다
make (an) allowance for A A를 고려하여 두다, A를 크게 보다

1030
□ **bill**
[bíl]

[1]청구서 [2]법안 [3]지폐

1031
□ **luxury**
[lʌ́kʃəri]

사치(품), 호화스러운 것

luxúrious 형 호화스러운, 사치스러운

1032
□ **want**
[wɔ́(:)nt]

1(필요한 것의) 결핍 2빈곤

동 1원하다 2결여되어 있다
wánting 형 부족한, 불충분한

> **want** ~이 결여되어 있다, 궁핍하다
> *ex*) The children have never wanted for anything.
> (그 아이들은 궁핍한 경험을 한 적이 없다.)

1033
□ **commerce**
[kɑ́mə:rs]
└ 액센트주의

1상업 2무역

commércial 형 1상업(상)의 2영리적인 명 광고방송
commércialize 동 상업화하다

1034
□ **credit**
[krédit]

1신용 2명예, 명성 3(미국) 대학 특정 과목의 이수

동 믿다
discrédit 동 신용하지 않다, 의심하다 명 불신
créditable 형 훌륭한, 칭찬할 만한

1035
□ **economy**
[ikɑ́nəmi]

1경제 2절약

económics 명 경제학

> **economic** 경제(상)의
> **economical** 경제적인, 절약하는

1036
□ **curriculum**
[kəríkjuləm]
└ 액센트주의

(학교의) 교과과정, 이수 과정
(pl. curricula 또는 curriculums)

1037
reward
[riwɔ́ːrd]

보수, 사례금
동 보답하다

1038
pastime
[pǽstaim]

기분 전환, 오락, 취미

1039
baggage
[bǽgidʒ]

수하물 (= luggage)

baggage, luggage는 셀 수 없는 불가산명사이므로 셀 때에는 a piece of를 쓴다.
three pieces of baggage [luggage] … (○)
three baggages [luggages] … (×)

1040
compartment
[kəmpɑ́ːrtmənt]

1구획 2(철도의) 칸막이가 된 객실

1041
destination
[destənéiʃən]

목적지

1042
fare
[fέər]

(교통기관의) 운임, 요금

fare 교통 기관의 운임, 요금
charge 상품, 서비스 등에 대한 사용료, 수수료
fee 의사, 변호사, 수업료 등과 같은 전문적인 서비스에 대한 지불

1043
device
[diváis]

1장치 2고안
devise 동 [diváiz] 고안하다

labor-saving device 사람 손을 절약하는 기계

1044
site
[sáit]

장소, 용지

1045
□ **row** [róu]

(사람이나 물건의) 열, 줄

> **row** [róu] 명 열, (좌석) 줄
> **row** [róu] 동 보트를 젓다
> **row** [ráu] 명 싸움, 법석

1046
□ **rent** [rént]

임대료, 집세

동 [1]임대차하다 [2]임대하다
rental 형 [1]임대차의 [2]임대의

> **rent**는 '빌리다', '빌려주다' 양쪽의 의미로 다 쓰임.
> *ex)* I rent a car from my friend.
> (나는 친구에게서 차를 빌렸다.)
> We rent a room to her at $100 a month.
> (우리는 그녀에게 월 100달러에 방을 빌려주었다.)

1047
□ **trade** [tréid]

[1]무역 [2]장사

동 [1]무역하다, 매매하다 [2]교환하다

1048
□ **benefit** [bénəfit]
└ 액센트주의

[1]이익 [2]은혜

동 [1]이익이 되다 [2]이익을 얻다
benefícial 형 유익한, 이익이 되는
benéficient 형 자비심이 많은

1049
□ **acquaintance** [əkwéintəns]

[1]아는 사이 [2]면식

acquáint 동 알리다

> **be acquainted with A** A에 정통하다, A와 안면이 있다

1050
□ **client** [kláiənt]

(변호사 등에의) 의뢰인

> **client** 변호사, 은행 등의 전문적인 서비스 고객
> **customer** (상점의) 손님, 고객
> **guest** (호텔의) 손님, 초대객

1051
□ **appointment**
[əpɔ́intmənt]

[1]임명 [2](일시·장소의) 약속
appóint 동 [1]지시하다 [2]약속하여 정하다
appóinted 형 [1]임명된 [2]약속한

the appointed time 약속 시간

1052
□ **appetite**
[ǽpitait]
└ 액센트주의

[1]식욕 [2]욕구
동 [1]일으키다 [2]시키다, 하게 하다

1053
□ **athlete**
[ǽθliːt]
└ 액센트주의

운동선수
athlétics 명 운동경기
athlétic 형 운동경기의

1054
□ **score**
[skɔ́ːr]

[1]득점 [2]시험의 점수
[3](pl.) 20(명,개) *ex*) a score of people 20명
동 득점하다

1055
□ **fatigue**
[fətíːg]
└ 액센트주의

피로

1056
□ **melancholy**
[mélənkɑli]
└ 액센트주의

[1]우울 [2]애수
형 [1]우울한 [2]애수에 잠긴
melanchólic 형 우울한

1057
□ **rust**
[rʌ́st]

녹
동 녹슬다
rústy 형 녹슨

1058
☐ **corridor** [kɔ́ːridər]
복도, 회랑

1059
☐ **facility** [fəsíləti]
[1](pl.) 시설, 설비 [2]용이함 [3]재능, 재주

1060
☐ **fur** [fə́ːr]
(pl.) 모피 (제품)

1061
☐ **thread** [θréd]
└ 액센트주의
실

1062
☐ **blank** [blǽŋk]
공백
형 [1]백지의 [2]무표정한
동 [1]보이지 않게 하다 [2](일시적으로) 의식을 잃다
blánky 형 공백이 많은

1063
☐ **shortcoming** [ʃɔ́ːrtkʌ̀miŋ]
(pl.) 결점, 단점

come short of A A(기준·목표 등)에 미치지 않는

1064
☐ **folly** [fáli]
어리석음, 어리석은 행동
fóolish 형 어리석은

1065
☐ **coward** [káuərd]
겁쟁이, 비겁한 자
형 용기가 없는
cówardice 명 겁, 비겁
cówardly 형 겁많은 (= timid)

1066
☐ **preface** [préfis]
└ 발음주의
[1]서문 [2]전제, 계기

1067
□ **version**
[vɔ́ːrʒən]

[1]~ 판 [2]번역(된 것) [3](개인적 입장에서의) 해석

the Korean version of the original 원작의 한국어 번역판

1068
□ **comment**
[kάment]
액센트주의

[1]논평, 해설 [2]소문, 풍문
동 논평하다
cómmentary 명 논평

1069
□ **paradox**
[pǽrədɑks]
액센트주의

[1]역설, 패러독스 [2]모순된 일(말·사람)
동 [1]일으키다 [2]시키다, 하게 하다

1070
□ **summary**
[sʌ́məri]

요약
형 요약한, 약식의
súmmarize 동 요약하다 (= sum up)

1071
□ **riddle**
[rídl]

[1]수수께끼 [2]알 수 없는 것 [사람]
동 수수께끼를 풀다

1072
□ **clue**
[klúː]

실마리, 단서

1073
□ **context**
[kάntekst]

(문장의) 전후관계, 문맥
contéxtual 형 문맥상의

1074
□ **dialect**
[dáiəlekt]

방언

1075
□ **usage**
[júːsidʒ]

[1]화법 [2]사용법

1076
☐ **tale** [téil]
이야기 (= story)
> **fairy tale** 동화

1077
☐ **fancy** [fǽnsi]
[1]공상 [2]기호, 애호
동 공상하다
> **take a fancy to[for] A** A를 좋아하다

1078
☐ **tragedy** [trǽdʒədi]
비극
trágic 형 비극적인

1079
☐ **plot** [plɑ́t]
[1]음모 [2](소설·극 등의) 줄거리 [3](작은 구획의) 땅

1080
☐ **spectator** [spékteitər]
(특히 행사·스포츠 경기 등의) 구경꾼, 관객
cf) audience (집합적 의미의) 청중, 관중

1081
☐ **audience** [ɔ́:diəns] (발음주의)
청중, TV시청자, (라디오) 청취자, 독자
> **audi**- 라고 하는 접두어는 '듣다' 라는 의미를 갖는다
> *ex*) **audible** 형 귀에 들리는 / **auditory** 형 청각의

1082
☐ **faith** [féiθ]
[1]신뢰 [2]신앙
fáithful 형 충실한
> **faith in A** A에 대한 신뢰

1083
☐ **myth** [míθ]
[1](근거도 없이 널리 믿어지고 있는) 신화 [2]사회통념
mythólogy 명 [1](집합적으로) 신화 [2]신화학

1084
□ **legend**
[lédʒənd]
전설, (전설 · 민화 등의) 주인공
légendary 형 전설(상)의, 전설로 남을 만한

1085
□ **prose**
[próuz]
산문(체)
prosáic 형 [1]산문의 [2]산문적인, 평범한

1086
□ **stereotype**
[stériətaip]
[1]고정관념, 판에 박은 견해 [2]틀에 박힌 사람 [물건]

1087
□ **tune**
[tjú:n]
[1]곡 [2](음악에서 다른 악기와의) 올바른 조화
동 (라디오 · TV 등을) 방송 채널에 맞추다

1088
□ **masterpiece**
[mǽstərpi:s]
걸작

1089
□ **criticism**
[krítisizm]
[1]비평 [2]비난
críticize 동 [1]비평하다 [2]비난하다
critíque 명 [1]비평 [2]논평 (= review)
crític 명 비평가
crítical 형 [1]비평의 [2]위기의, 중대한

> crisis 명 위기 / criticism 명 비평
> → critical 형

1090
□ **sculpture**
[skʌ́lptʃər]
조각
scúlptor 명 조각가

1091
□ **statue**
[stǽtʃu:]
상(像)

1092
□ **ape**
[eíp]

(꼬리가 없거나 매우 짧은) 원숭이, 유인원
동 (바보처럼) 흉내내다

1093
□ **worm**
[wə́:rm]
발음주의

(길고 발이 없는 지렁이 같은) 벌레

1094
□ **flock**
[flák]

(양이나 염소 등의) 무리, 떼

a flock of sheep [birds] 양[새] 떼
ex) **herd** (소 · 말의) 떼, 무리
swarm (벌레의) 떼, 무리
school (물고기의) 떼, 무리
pack (늑대의) 떼, 무리

1095
□ **seed**
[sí:d]

[1]종자 [2](언쟁 등의) 근원
동 씨를 뿌리다 (= sow)

1096
□ **weed**
[wí:d]

잡초

1097
□ **timber**
[tímbər]

재목, 목재

1098
□ **lumber**
[lʌ́mbər]

(미국)재목, 톱으로 켠 나무

1099
□ **branch**
[brǽntʃ]

[1](일반적으로) 가지 [2]지점 [3]부문

1100
□ **bough**
[báu]
발음주의

큰 가지
cf) twig 작은 가지

1101
□ **soil**
[sɔ́il]

땅, 토지

rich [poor] soil 비옥한 [메마른] 땅

1102
□ **environment**
[inváiərənmənt]

(자연) 환경, (주위의) 환경

environméntal 형 환경의, 주위의

1103
□ **circumstance**
[sə́:rkəmstæns]

¹(주위의) 사정 ²(경제적인) 생활상태

in [under] no circumstances 어떤 일이 있더라도 ~ 않다

1104
□ **atmosphere**
[ǽtməsfiər]
액센트주의

¹대기 ²공기 ³분위기

atmosphéric 형 대기의

1105
□ **wheat**
[hwí:t]

소맥

cf) barley 대맥 / oats 연맥

1106
□ **crop**
[krɑ́p]

¹농작물 ²수확고

동 ¹(농작물을) 수확하다,
²(well과 함께) (농작물이) ~하게 되다

1107
□ **harvest**
[hɑ́:rvist]

수확(물)

동 수확하다

1108
□ **amount**
[əmáunt]

총계, 량

동 ¹총계가 ~에 이르다 ²결국 ~이 되다

amount to A ¹총계가 A에 이르다
²결과적으로 A가 되다, A와 마찬가지다

ex) His debt amounts **to 100,000 d**ollars.
(그의 부채는 10만 달러에 달한다.)
His behavior towards her amounted to an insult.
(그녀에 대한 그의 태도는 모욕과 다를 바 없다.)

Step 2 **Dash** Vocabulary 646 / 명사편

1109
heap [híːp]
(쌓아올린) 더미, 무더기, 산
동 쌓아올리다
a heap of A A의 무리, 떼

1110
pollution [pəlúːʃən]
오염, (오염에 의한) 공해
pollútant 명 오염물질, 오염원
pollúte 동 오염시키다, 더럽히다
environmental pollution 환경오염

1111
famine [fǽmin]
기근

1112
volcano [vɑlkéinou]
화산
volcánic 형 1화산의 2대단히 격한

1113
mine [máin]
1광산 2(지식이나 정보 등의) 보고
míner 명 광부, 광산업자

1114
petrol [pétrəl]
가솔린
petróleum 명 석유
[참고] 미국에서는 gas, gasoline이라고 말한다.

1115
tide [táid]
1조수(의 간만) 2풍조
tídal 형 조수의
low [ebb] tide 썰물 / high [flood] tide 만조

1116
lightning [láitniŋ]
번개

1117
- **comet** [kámit] — 혜성

1118
- **ray** [réi] — [1]광선, 방사선 [2]반짝임
  - X rays X선, 렌트겐

1119
- **atom** [ǽtəm] — 원자
  - atómic 형 [1]원자(력)의 [2]극소의

1120
- **vacuum** [vǽkjuəm] (액센트주의) — [1]진공 [2]공허
  - vacuum cleaner 전기 청소기

1121
- **laboratory** [lǽbərətɔ̀ːri] — 실험실, 연구소

1122
- **focus** [fóukəs] — [1]초점 [2]중심
  - 동 초점을 맞추는

1123
- **cell** [sél] — 세포

1124
- **tissue** [tíʃuː] — [1](동식물의 세포로부터 생성되는) 조직 [2]얇은 가제형의 종이
  - muscular tissue 근육조직

1125
- **cancer** [kǽnsər] — 암

1126
- **remedy** [rémədi] — [1]치료 [2](결함·악 등의) 개선책
  - 동 [1]치료하다 [2]개선하다

1127
- **thermometer** [θərmámətər] (액센트주의) — 온도계

1128
- **analysis** [ənǽləsis] (액센트주의)
  - [1]분석 [2]해명
  - ánalyze 동 [1]분석하다 [2]해명하다
  - analýtic / analýtical 형 분석적인

1129
- **evidence** [évidəns]
  - 증거
  - évident 형 명백한

1130
- **quality** [kwɑ́ləti]
  - [1]질 [2]양질 [3]특성
  - quálitative 형 질적인, 성질상의

1131
- **quantity** [kwɑ́ntəti]
  - 양
  - quántitative 형 양적인

1132
- **maximum** [mǽksəməm]
  - 최대한, 최대량 (↔ minimum 최소한, 최소한의)
  - 형 최대한의, 최고의
  - máximize 동 최대로 하다

1133
- **biography** [baiɑ́grəfi]
  - 전기, 전기문학
  - biográphical 형 전기의
  - autobiógraphy 명 자서전

1134
- **cradle** [kréidl]
  - [1]요람 [2](the – 로) 유년시대
  - 동 흔들어 어르다

1135
- **adolescence** [ædəlésəns]
  - [1]청춘기 [2](언어·문화 등의) 발전기
  - adoléscent 형 청춘기의 명 10대의 젊은이

1136
- **bondage** [bɑ́ndidʒ]
  - [1](행동·자유의) 속박 [2]포로의 몸
  - bónd 명 [1]결속, 인연, 연분 [2]굴레

1137
□ **divorce** [divɔ́:rs]
이혼
동 이혼하다

1138
□ **career** [kəríər] (액센트주의)
[1]경력 [2]직업

1139
□ **funeral** [fjú:nərəl]
장례식

1140
□ **wrinkle** [ríŋkl]
(의류 · 피부 등의) 주름

1141
□ **heir** [ɛ́ər] (발음주의)
상속인, 후계자

1142
□ **burden** [bə́:rdn]
[1]무거운 짐 [2]화물
동 (무거운 짐 · 부담을) 지게 하다
búrdensome 형 부담이 되는, 귀찮은

burden A with B A에게 B(무거운 짐 · 부담)를 지게 하다

1143
□ **hardship** [há:rdʃip]
고난

1144
□ **misery** [mízəri]
[1]비참함 [2]고난
míserable 형 [1]비참한, 불쌍한 [2]초라한

1145
□ **frustration** [frʌstréiʃən]
[1]좌절 [2]낭패
frústrate 동 좌절시키다

1146
□ **despair** [dispɛ́ər]
절망
동 절망하다

désperate 형 ¹필사의 ²절망적인

ex) He made desperate efforts to save her.
(그는 그녀를 구하려고 필사의 노력을 했다.)

1147
□ **suicide** [sú:əsaid]

자살

suicídal 형 자멸적인

commit suicide 자살하다

1148
□ **well-being** [wélbí:iŋ]

행복, 복지 (= welfare)

1149
□ **warfare** [wɔ́:rfɛər]

전쟁, 전쟁상태

1150
□ **faculty** [fǽkəlti]

¹능력 ²기능 ³(대학의) 학부 ⁴(대학의) 교수진

the faculty of law 법학부

1151
□ **genius** [dʒí:njəs]

¹천재 ²비범한 재능

1152
□ **endeavor** [indévər]

노력

동 노력하다

endeavor to do ~하려고 노력하다

1153
□ **insight** [ínsait]

¹통찰(력) ²이해(력)

insight into A A에 대한 통찰

1154
□ **outlook** [áutluk]

¹조망, 경치 ²전망 ³견해

one's outlook on A A에 대한 ~의 생각
my outlook on life 나의 인생관

1155
☐ **attitude**
[ǽtitjuːd]
└ 액센트주의

[1]자세 [2]태도 [3]의견

1156
☐ **mission**
[míʃən]

[1]전도 [2]사절(단) [3]임무 [4]천직
míssionary 명 전도사 형 전도의

1157
☐ **prejudice**
[prédʒudis]

편견, 선입관
동 (사람에게) 편견을 갖게 하다

racial prejudice 인종적 편견

1158
☐ **guilt**
[gílt]

죄, 유죄
guílty 형 유죄의, 죄를 범한

1159
☐ **confidence**
[kánfidəns]

[1]신뢰 [2]자신
cónfident 형 [1]확신하고 있는 [2]자신 있는
confidéntial 형 [1]비밀의 [2]내밀의
confíde 동 [1]신뢰하다 [2]비밀을 털어놓다

in confidence 내밀하게

1160
☐ **sacrifice**
[sǽkrəfais]
└ 액센트주의

[1]희생 [2]제물
동 [1]희생으로 바치다 [2]산 제물을 바치다

1161
☐ **destiny**
[déstəni]

운명, 숙명
déstine 동 운명짓다

be destined to do ~하는 운명에 있다

1162
☐ **conduct**
[kάndʌkt]
액센트주의

[1](도덕상의) 행위 [2]지도
동 [kəndʌ́kt] [1]인도하다 [2]지휘하다

conductor 명 [1]차장 [2]지휘자

1163
☐ **instinct**
[ínstiŋkt]
액센트주의

[1]본능 [2]천성
instínctive 형 본능의, 본능적인

1164
☐ **impulse**
[ímpʌls]

충동
impúlsive 형 충동적인

1165
☐ **motive**
[móutiv]

동기
형 원동력이 되는
mótivate 동 동기를 부여하다
motivátion 명 동기부여, 자극

1166
☐ **discipline**
[dísəplin]
액센트주의

[1]훈련, 단련, 수양 [2]기율, 기강 [3]학과, 학문의 분야
동 훈련하다, 징계하다

1167
☐ **sensation**
[senséiʃən]

[1]감각, 느낌 [2]세상을 떠들썩하게 하는 것
sensátional 형 선풍적 인기의, 세상을 깜짝 놀라게 하는

1168
☐ **sentiment**
[séntəmənt]

감정, 정서
sentiméntal 형 [1]감상적인, 정에 약한
[2](지성보다는) 감정적인

1169
☐ **disgust**
[disgʌ́st]

혐오
동 혐오감을 주다
disgústing 형 메스꺼운, 넌더리나는

1170
☐ **shame**
[ʃéim]

[1]수치 [2]유감스러운 것
동 창피를 주다

shámeful 형 부끄러운, 창피스러운
ashámed 형 부끄러워하는, 수줍어하는

1171
charity [tʃǽrəti]
[1]자선 [2]자애, 동포애
cháritable 형 인애 정신에 넘치는, 자선심이 많은

1172
geography [dʒiːɑ́grəfi]
지리학
geográphic [--phical] 형 지리의, 지리학의

1173
canal [kənǽl]
└ 액센트주의
운하

1174
frontier [frʌntíər]
└ 액센트주의
[1]국경, 지방 [2](pl.) (지식·학문 등의) 최첨단, 새 분야

1175
border [bɔ́ːrdər]
[1]경계(선) [2]가장자리
동 [1]인접하다 [2]테를 두르다

1176
district [dístrikt]
[1]지구, 지역 [2]행정구

1177
authority [əθɔ́ːrəti]
[1]권위 [2]권한 [3]당국 [4]권위자
áuthorize 동 권위를 부여하다
authorizátion 명 공인, 권한 부여

1178
privilege [prívəlidʒ]
특권
동 특권을 부여하다

the privileged classes 특권계급

1179
empire [émpaiər]
제국
impérial 형 제국의

1180
☐ **scheme** [skíːm] ㄴ 액센트주의
[1]계획 [2]음모, 책략

1181
☐ **era** [íərə]
[1]시대 [2]연대

1182
☐ **reign** [réin] ㄴ 발음주의
통치(기간), 지배
동 군림하다, 지배하다

1183
☐ **threat** [θrét]
[1]협박, 협박하는 것 [2]위협
thréaten 동 [1]위협하다 [2]우려가 있다
thréatening 형 [1](날씨가) 험악한 [2]위협적인

ex) The sky threatens rain.
(하늘 모양이 비가 올 것 같다.)

1184
☐ **tension** [ténʃən]
[1]긴장 [2]긴박상태
ténse 형 [1](사람이) 긴장할 [2](줄 등이) 팽팽한
명 (동사의) 시제

1185
☐ **strain** [stréin]
[1]긴장 [2]부담
형 [1]긴장시키는 [2]혹사하는

strained smile (무리하게 만든) 억지 미소

1186
☐ **conflict** [kánflikt] ㄴ 액센트주의
[1]투쟁 [2]충돌 [3]대립
동 [kanflíkt] 모순되다, 충돌하다
conflícting 형 모순되는

1187
□ **welfare**
[wélfɛər]

[1]행복, 번영 (= well-being) [2]복지사업

social welfare 사회복지

1188
□ **revolution**
[revəlúːʃən]

[1]혁명 [2](사상 등의) 대변혁 [3]회전

revolútionize 동 혁명을 일으키다, 대변혁하다
revolútionary 형 [1]혁명의 [2]획기적인
revólve 동 회전시키다, 회전하다
revólt 명 (소규모의) 반란, 반항
동 반란을 일으키다, 반항하다

1189
□ **weapon**
[wépən]
└ 발음주의

무기

weapons of mass destruction 대량 살상무기

1190
□ **arm**
[ɑ́ːrm]

[1]팔 [2](pl.) 무기

동 무장시키다, 무장하다
ármament 명 군비
disármament 명 군축

be armed with A A로 무장하다

1191
□ **outcome**
[áutkʌm]

결과

[참고] come out (나타나다)이라는 말에서 생긴 단어

1192
□ **shelter**
[ʃéltər]

[1]피난 [2]피난처, 은신처

동 [1]피난하다 [2]보호하다

take shelter from A A로부터 피난가다
food, clothing and shelter 의식주

1193 □ **refuge** [réfju:dʒ]

[1]피난 [2]피난처, 은신처

refugée 명 [refju:dʒí:] (피)난민

take refuge from A　A로부터 피난가다

1194 □ **statesman** [stéitsmən]

정치가

statesman　총명하고 식견이 있는 훌륭한 정치가를 뜻하는 경우가 있음.
politician　자신의 이익 또는 당파 중심의 정치꾼이라는 다소 경멸적인 의미로 쓰이는 경우가 있음.

1195 □ **diplomacy** [diplóuməsi]

외교

díplomat 명 외교관
diplomátic 형 외교의

1196 □ **conference** [kánfərəns]

[1]회의 [2]협의

confér 동 [1](사상·증여물 등을) 주다 [2]협의[의논]하다

1197 □ **parliament** [pá:rləmənt]
└ 발음주의

의회, 국회

parliaméntary 형 의회의

Parliament　영국 국회
Congress　미국 국회
the Diet　덴마크, 헝가리, 일본 등의 국회
National Assembly　한국 국회

1198 □ **compromise** [kámprəmaiz]
└ 액센트주의

타협(하는 것), 타협안

동 [1]타협하다 [2]해결하다

1199 □ **treaty** [trí:ti]

조약

1200 □ **document** [dákjumənt]

문서(류)

documéntary 명 기록영화 형 문서의

1201
□ **doctrine** [dάktrin]
[1](종교상의) 교의, 교리 [2](정책상의) 주의, (외교)정책

1202
□ **monument** [mάnjumənt]
[1]기념비 [2]유적 [3]불멸의 업적

1203
□ **tribe** [traíb]
부족, 종족
tríbal 형 부족의, 종족의

1204
□ **trend** [trénd]
[1]경향 (= tendency) [2]유행 (= vogue, fashion)

1205
□ **pause** [pɔ́:z]
[1]잠깐 멈춤, 중지 [2]단락, 구절 끊기
동 잠시 멈추다

pause to do ~ 하기 위해 잠시 멈추다 (= stop to do)

1206
□ **glance** [glǽns]
흘긋 봄, 언뜻 봄
동 흘긋 보다

at a glance 잠깐 보아서
glance at A A를 흘긋 보다

1207
□ **glimpse** [glímps]
흘긋 봄
동 흘긋 보다

catch a glimpse of A A를 흘긋 보다
glance 무언가를 빨리 (한눈에) 흘긋 봄
glimpse 우연히, 한순간 흘긋 봄

1208
□ **trace** [tréis]
[1]자취 [2]소량
동 [1]자취를 거슬러 올라가다 [2]추적하다

without a trace of emotion
조금의 감정도 보이지 않고
trace A back to B A를 B까지 소급하여 조사하다
ex) He traced his family back to the Middle Ages.
(그는 자기의 가계를 중세에까지 소급하여 조사했다.)

1209
scent [sént] (발음주의)

[1](희미한) 냄새, 향내 [2](짐승의) 냄새 자취, 단서

1210
brute [brúːt]

[1]야수 [2]냉혹한 사람

brútal 형 [1]야수와 같은 [2]잔혹한
brutálity 명 [1]야만성 [2]잔학성

1211
trap [trǽp]

덫

동 덫으로 노획하다[잡다]

1212
prophecy [prɑ́fəsi]

예언, 예언 능력

próphet 명 예언자
próphesy 동 [prɑ́fəsai] 예언하다

1213
gratitude [grǽtətjuːd]

감사(의 기분)

1214
prestige [prestíːdʒ] (액센트주의)

명성, 위신

prestígious 형 명성이 있는, 유명한

1215
trait [tréit]

특색

national traits 국민성

1216
grace [gréis]

[1]우아함 [2]호의 [3](신의) 은혜

disgráce 명 불명예
gráceful 형 우아한, 귀품 있는
grácious 형 호의에 찬

1217 **mercy** [mə́ːrsi]

[1]자비 [2]행운

mérciful 형 자비심이 깊은, 인정 많은

at the mercy of A A의 하라는대로 되어

1218 **fund** [fʌ́nd]

임금, 기금

1219 **string** [stríŋ]

[1]끈, 실 [2](악기의) 현

1220 **realm** [rélm] ↑ 발음주의

[1]영역, 분야 [2]왕국

1221 **scope** [skóup]

[1]범위 [2]여지 (= room), 기회

1222 □ **address** [ədrés]

1. The Queen made an address to the nation.
2. He is addressed as 'Doctor' in his laboratory.

1223 □ **badly** [bǽdli]

▸ I am badly in need of your help.

be badly off

1224 □ **capital** [kǽpitl]

1. Sentences begin with a capital letter.
2. Many countries have abolished capital punishment.

cápitalism

1225 □ **case** [kéis]

▸ That is not the case in Korea.

① as is often the case with A ② in case ~

명 [1]연설 동 [2]경칭으로 부르다 (명 주소 동 연설하다, (~앞으로) 편지를 쓰다)

1. 여왕은 국민에게 연설을 했다.
2. 그는 자신의 연구실에서는 '박사' 로 불리고 있다.

부 대단히, 몹시

▶ 나는 너의 도움이 정말[매우] 필요하다.

숙 살림이 고생스럽다 (↔ be well off 유복하다)

명 [1]대문자 형 [2](죄가) 사형감인 (명 수도, 자본)

1. 문장은 대문자로 시작한다.
2. 많은 나라들이 사형을 폐지하였다.

명 자본주의

명 (the−) 실정, 사실 (명 용기, 경우, 실례, 병 증세의 예, 사건)

▶ 한국에서는 사실 그렇지 않다.

① 숙 A에게는 종종 있는 경우지만 ② 숙 만일을 생각해서

1226 □ certain [sə́:rtn]

▸ What she means is reasonable in a **certain** sense.

① cértainly (= It is certain that~) ② cértainty
③ for certain ④ make certain

1227 □ challenge [tʃǽlindʒ]

1. I don't get enough **challenge** in this job.
2. My father's death from cancer **challenged** me to take up research on it.

1228 □ clear [klíər]

▸ He **cleared** the road in front of his house of snow.

① clárify ② clárity

1229 □ condition [kəndíʃən]

1. The astronaut was slow to get used to the **condition** of weightlessness.
2. She was allowed to go to the nightclub on **condition** that she was back by ten.
3. This dog is **conditioned** to bark at strangers.
4. The amount of money the government earns in tax **conditions** the amount of money it spends on welfare.

형 (상세히 말하지 않고) 어떤 (형 확신하여, 확실한)

▸ 그녀가 말하고자 하는 것은 어떤 의미에서는 일리가 있다.

① 부 확실히, 확실하게 ② 명 확실성 ③ 숙 (보통 know, say 뒤에서) 확실히
④ 숙 ~을 확인하다, 꼭 ~ 하도록 하다

명 [1]해 볼 만한 일, 해 볼 만함 동 [2]촉구[자극]하다
(명 도전 동 도전하다)

1. 나는 이 일에는 그다지 해 볼 만한 의욕이 없다.
2. 암으로 인한 아버지의 죽음이 내가 암 연구를 시작하도록 자극했다.

동 치우다, 제거하다 (형 명확한, 깨끗한, 개인 부 분명하게)

▸ 그는 집 앞 도로의 눈을 치웠다.

① 동 분명히 하다, (의미 등이) 뚜렷하게 되다 ② 명 깨끗하고 맑음, 명쾌함

명 [1]상황, 상태 [2]조건 동 [3]조건을 붙이다, 조건을 이루다
[4](사정 등이) 좌우하다, 결정하다

1. 그 우주비행사는 무중력 상태에 익숙해지는데 시간이 걸렸다.
2. 그녀는 10시까지 귀가한다는 조건으로 나이트 클럽에 가는 허락을 받았다.
3. 이 개는 낯선 사람에게 짖도록 훈련이 되어 있다.
4. 정부가 세금에서 거둬들이는 금액이 사회복지 비용을 좌우한다.

1230 □ **content** [kəntént] — 액센트주의

▸ He died content with his life.

1231 □ **count** [káunt]

1. It is how effectively you use the available time that counts.
2. The teacher is counted as the best dresser in our school.

① cóuntless ② count on A

1232 □ **cover** [kʌ́vər]

1. This rule covers all cases.
2. We covered 100 kilometers in the car before it got dark.

1233 □ **direct** [dirékt]

1. I'm lost. Could you direct me to the station?
2. His ironical remarks aren't directed at you.

① diréction ② diréctor

1234 □ **do** [dú:]

형 만족하여(with) (명 [kántent] 내용, 속알맹이)

▸ 그는 자기의 삶에 만족하며 눈을 감았다.

동 ¹중요하다 ²간주하다, 생각하다 (동 셈하다)

1. 중요한 것은 사용 가능한 시간을 얼마나 효과적으로 쓰는가 하는 것이다.
2. 그 선생님은 우리 학교에서 가장 옷을 멋지게 입는 분(베스트 드레서)으로 여겨지고 있다.

① 형 셀 수 없을 정도의　② 숙 A에게 의지하다[기대다]

동 ¹(분야·영역 등을) 포함하다 ²(어떤 일정 거리를) 가다
(명 표지, 커버 동 덮다, 취재하다)

1. 이 규칙은 모든 경우에 적용된다.
2. 우리들은 날이 저물기 전에 차로 100킬로미터를 주행했다.

동 ¹길을 가리켜 주다 ²향하게 하다
(동 지휘하다 형 일직선의, 직접적인 부 직접적으로)

1. 길을 잃었습니다. 역으로 가는 길을 가리켜 주시겠습니까?
2. 그의 빈정댐은 당신을 향한 것이 아니다.

① 명 방향, 지시　② 명 연출가, 감독, 중역

동 ¹초래하다 ²도움이 되다 (동 하다)

1. This medicine will **do** you good.
2. It doesn't **do** to worry.

---

do without A

1235 ☐ even [í:vən]

1. This country has an **even** temperature throughout the year.
2. Two, four, six, etc. are **even** numbers.

1236 ☐ fashion [fǽʃən]

▸ He pronounces English words in Spanish **fashion** because he is a Mexican.

---

① fáshionable ② after a fashion

1237 ☐ fast [fǽst]

1. My watch is ten minutes **fast**.
2. My daughter is **fast** asleep.

---

fasten

1238 ☐ flat [flæt]

1. Life has been so **flat** since I came here.
2. She gave a **flat** refusal to my offer.
3. She rented a four-room **flat**.

1. 이 약은 잘 들을[효과가 있을] 것이다.
2. 걱정 해봤자 소용없다.

숙 A 없이 하다 (끝내다)

형 ¹평평한 ²짝수의 (형 동등의, 호각의 부 ~까지도, 조차도)

1. 이 나라에는 연간 기온의 변동이 거의 없다.
2. 2, 4, 6 등은 짝수이다.

명 ~하는 투, ~식 (명 유행)

그는 멕시코 사람이므로 영어 발음이 스페인어 식이다.

① 형 유행의 ② 숙 그럭저럭, 그런대로

형 ¹(시계가) 빠른 ²깊이 든 (잠) (형 빠른 부 빠르게)

1. 내 시계는 10분 빠르다.
2. 내 딸은 깊히 잠들었다.

동 흔들거리지 않게 고정하다, 죄다[잠그다]

형 (생활 등이) ¹단조로운 ²김빠진 명 ³아파트
(형 평평한 부 단호하게, 멋없게, 맥 빠지게)

1. 여기에 온 이래 생활이 너무 단조롭다.
2. 그녀는 내 제안을 단호히 거절했다.
3. 그녀는 방 4개짜리 아파트를 빌렸다.

1239 □ **free** [fríː]

1. "Are the drinks free?" "Only for ladies."
2. She is very free with her money.

① fréedom ② be free to do ③ be free of [from] A

1240 □ **good** [gúd]

1. The post office is a good five kilometers away from here.
2. What is the good of having a car if you don't drive?

góods

1241 □ **help** [hélp]

▸ I can't help taking painkillers when I have a headache.

① hélpless ② hélpful ③ help oneself to A ④ It can't be helped.

1242 □ **humanity** [*h*juːmǽnəti]

1. Advances in science don't always benefit humanity.
2. The study of philosophy belongs to the humanities.

형 [1]무료의 [2]아낌없는, 손이 큰 (형 자유로운, 한가한 동 해방하다)

1. "술은 무료입니까?" "여자분들께만 그렇습니다."
2. 그녀는 정말 아낌없이 돈을 잘 낸다.

① 명 자유 ② 숙 (대개 명령형으로) 마음대로 ~ 해도 좋다 ③ 숙 A가 없는

형 [1]충분한 명 [2]이익 (형 좋은, 친절한 명 선)

1. 여기서부터 우체국까지는 족히 5킬로미터는 됩니다.
2. 차를 가지고 있어도 운전하지 않는다면 무슨 소용이 있겠는가?

명 상품

동 피하다 (동 돕다, 도움이 되다 명 원조)

▶ 나는 두통이 있으면 진통제를 먹지 않을 수 없다.

① 형 (제 힘으로) 어찌할 수 없는 ② 형 도움이 되는
③ 숙 A를 마음대로 집어먹다, 횡령하다 ④ 숙 어쩔 수 없다

명 [1]인류 [2](the humanities로) 인문과학 (명 인간성, 인간다움)

1. 과학의 진보는 반드시 인류에 이익을 가져온다고는 할 수 없다.
2. 철학 연구는 인문과학에 속한다.

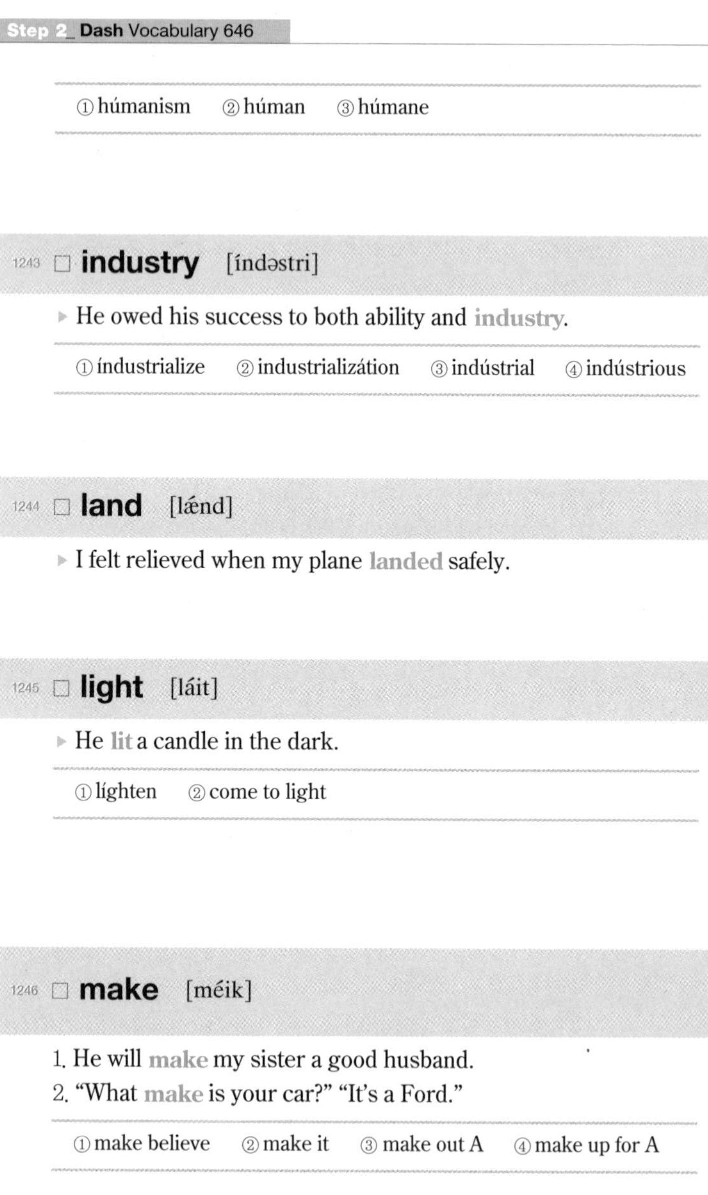

① húmanism ② húman ③ húmane

1243 □ **industry** [índəstri]

▸ He owed his success to both ability and **industry**.

① índustrialize ② industrializátion ③ indústrial ④ indústrious

1244 □ **land** [lǽnd]

▸ I felt relieved when my plane **landed** safely.

1245 □ **light** [láit]

▸ He **lit** a candle in the dark.

① líghten ② come to light

1246 □ **make** [méik]

1. He will **make** my sister a good husband.
2. "What **make** is your car?" "It's a Ford."

① make believe ② make it ③ make out A ④ make up for A

① 명 인간(중심)주의 ② 형 인간의 명 인간 ③ 형 자비로운, 인도적인

명 **근면** (명 산업, 공업)

▶ 그가 성공한 것은 능력과 근면함의 덕택이다.

① 동 공업화하다 ② 명 공업화 ③ 형 산업의, 공업의 ④ 형 근면한

동 **상륙하다, 상륙[착륙]시키다** (명 육지, 토지, 나라)

▶ 내가 탄 비행기가 무사히 착륙해서 마음이 놓였다.

동 **불을 붙이다, 불이 붙다** (명 빛, 밝음 형 밝은, 가벼운)

▶ 그는 어둠 속에서 양초에 불을 붙였다.

① 동 밝게 하다, 밝아지다, 가볍게 하다, 가벼워지다
② 숙 (비밀 등이) 밝혀지다, 나타나다

동 **[1]~이 되다** 명 **[2](수식어를 동반하여) ~ 제(製)**
(동 만들다, ~의 상태로 하다, 시키다)

1. 그는 여동생의 좋은 남편이 될 것이다.
2. "당신 차는 어디 제품입니까?" "포드 사 것입니다."

① 숙 ~인체 하다, ~로 믿게하다 ② 숙 성공하다, 시간에 대다
③ 숙 A를 이해하다, 성취하다 ④ 숙 A를 벌충하다, 만회하다

1247 □ **match** [mǽtʃ]

1. I'm no **match** for him when it comes to playing the piano.
2. She will make a fine **match** for my son.
3. They are equally **matched** in their knowledge of French.

1248 □ **mean** [míːn]

1. I just **meant** it as a joke.
2. I **meant** you no harm.
3. He is very **mean** with his money.
4. We have to use every **means** to persuade him.
5. He is a man of considerable **means**.

① méaning ② méaningful ③ méaningless

1249 □ **measure** [méʒər]

1. The Government has taken **measures** to promote domestic industry.
2. He has not become rich, but he has had a certain **measure** of success.

1250 □ **meet** [míːt]

▸ Did that hotel **meet** your expectations?

명 ¹적수 ²결혼(상대) 동 ³대등하다 (명 시합 동 (물건이) 조화되다)

1. 피아노 연주에 있어서는 나는 그의 적수가 못된다.
2. 그녀는 내 아들에게 좋은 결혼 상대가 될 것이다.
3. 그들은 프랑스어 지식에 있어서 동등한 실력을 가지고 있다.

동 ¹~한 의미로[작정으로] 말하다 ²예정·계획이다 형 ³인색한, 비열한 명 ⁴(pl.) 수단 ⁵(the -s) 재산 (동 의미하다)

1. 난 그 말은 농담으로 한거야.
2. 난 악의는 없었어.
3. 그는 자기의 돈에 관해서는 대단히 인색하다.
4. 우리는 어떻게 해서든 그를 설득하지 않으면 안된다.
5. 그는 상당한 재산가이다.

① 명 의미 ② 형 의미가 있는 ③ 형 무의미한

명 ¹(보통 pl.) 대책, 조치 ²정도 (동 측정하다 명 치수)

1. 정부는 국내산업 진흥 방책을 취했다.
2. 그는 부자가 되지 못했지만 어느 정도 성공했다.

동 채우다 (동 만나다, 조우하다)

▶ 그 호텔은 당신의 기대에 어긋나지 않았습니까?

1251 ☐ **miss** [mís]

1. I missed the last bus yesterday.
2. I missed seeing the film. Did you see it?
3. You will be missed by your friends.

místing

1252 ☐ **natural** [nǽtʃərəl]

▸ She is a natural musician.

náturally

1253 ☐ **nature** [néitʃər]

▸ It is not in his nature to be hard on other people.

① by nature ② in the course of nature ③ in the nature of things

1254 ☐ **odd** [ɑ́d]

1. One, three, and five are odd numbers.
2. An odd shoe was left on the doorstep.
3. I'm going to do odd jobs during the spring vacation.
4. The odds are even that our team will win the game.

동 [1](교통수단을) 놓치다 [2]빠뜨리다 [3]~이 없는 것을 섭섭하게 여기다

1. 나는 어제 마지막 버스를 놓쳤다.
2. 난 그 영화를 볼 기회를 놓쳤어. 넌 그거 봤니?
3. 네가 없으면 친구들이 섭섭하게 생각할 거야.

형 행방불명의

형 타고난, 선천적인 (형 자연의, 당연한)

▶ 그녀는 타고난 음악가다.

부 물론, 날 때부터, 자연적으로

명 성질, 본바탕 (명 자연)

▶ 그는 남에게 심하게 굴지 못하는 성질이다.

① 숙 날 때 부터의 ② 숙 자연히, 저절로 ③ 숙 필연적으로

형 [1]홀수의 [2](둘로 한 벌이 되는 것의) 한 짝의 [3]이따금의, 임시의
명 [4](pl.) 가능성, 전망 (형 기묘한)

1. 1, 3, 5는 홀수이다. (even numbers 짝수)
2. 한 짝의 구두가 현관 계단에 남겨져 있었다.
3. 나는 봄 방학 동안 임시직 일을 할 계획이다.
4. 우리 팀이 그 시합에 이길 가능성은 반반이다.

1255 □ **order** [ɔ́ːrdər]

1. The clinical records in most hospitals are kept in alphabetical order.
2. My room is very untidy. I must put it in order.
3. All sweaters of this type are out of stock now. We' ll order them from the main store in Seoul.

órderly

1256 □ **otherwise** [ʌ́ðərwaiz]

1. Even if you know the truth, you had better pretend otherwise at present.
2. The dishes were not so delicious, but otherwise the party was a success.
3. Put on your sweater. Otherwise you'll catch cold.
4. Some are wise and some are otherwise.

1257 □ **pay** [péi]

1. Crime doesn't pay.
2. It will pay you to save a part of your salary each month.

páyment

명 [1]순서 [2]질서 동 [3]주문하다 (명 주문, 명령, 등급 동 명령하다)

1. 대부분의 병원에서는 임상 기록은 알파벳 순으로 보관되고 있다.
2. 내 방은 정말 정리가 안되어 있어요. 난 방을 정돈해야 해요.
3. 이 타입의 스웨터는 모두 품절입니다. 서울 본점에 주문해 놓겠습니다.

형 정돈된, 규율이 있는 부 정연하게, 규칙적으로

부 [1]다른 방법으로, 그렇지 않게 [2]다른 점에서 [3]만약 그렇지 않으면
형 [4]그렇지 않은, 다른

1. 만약 당신이 그 사실을 알고 있더라도 지금은 (그렇지 않게) 모른 체하고 있는 편이 낫다.
2. 요리는 그다지 맛있지 않았지만 다른 점에서 그 파티는 성공적이었다.
3. 스웨터를 입으세요. 그렇지 않으면 감기에 걸립니다.
4. 약은 자도 있고 그렇지 않은 자도 있다.(속담)

동 [1]받다 [2]보상이 되다, 이익을 주다 (동 지불하다 명 급료)

1. 범죄는 벌을 받게 마련이다.
2. 다달이 급료의 일부를 저축하여 두면 이익이 된다.

명 지불, 보수

1258 □ **practice** 형명 [prǽktis] 동 [prizént]

1. It takes a lot of **practice** to be really good at any sport.
2. It is a silly **practice** for non-Christians to send chocolates on St. Valentine's day.

① práctical ② práctically

1259 □ **present** 형명 [préznt] 동 [prizént]

1. How many people were **present** at the meeting?
2. Could you tell me your **present** address?
3. He **presented** me with a bouquet of flowers.
4. He had the honor of being **presented** to a great writer.
5. Royal Shakespeare Company is **presenting** The Merchant of Venice next week.

① présence ② presentátion ③ présently ④ at present

1260 □ **reason** [rí:zən]

1. Human beings differ from other animals in that they have **reason**.
2. Man alone has the ability to **reason**.

명 [1]연습 [2]습관 (명 실행, (의사·변호사의) 업무 동 연습하다[실행하다])

1. 어떤 스포츠에 있어서도 정말로 잘하려면 많은 연습이 필요하다.
2. 비기독교 신자에게는 발렌타인 날에 초콜릿을 보내는 것은 어리석은 관습이다.

① 형 현실적인, 실용적인 ② 부 실제적으로, 거의

형 [1]출석하고 있는 [2]현재의 동 [3]증정하다 [4]소개하다 [5]상연하다
(명 선물, 현재)

1. 그 회의에는 몇 명이 출석하였습니까?
2. 당신의 현주소를 가르쳐 주시겠습니까?
3. 그는 나에게 꽃다발을 선물했다.
4. 그는 어떤 위대한 작가에게 소개되는 영광을 누렸다.
5. 로얄 셰익스피어 극단은 다음주에 '베니스의 상인' 을 상연하기로 되어 있다.

① 명 출석, 참석 ② 명 증정, 제시, 상연 ③ 부 얼마 안가서 ④ 숙 현재는

명 [1]이성, 판단력 동 [2]논리적으로 생각하다 (명 이유)

1. 이성이 있다는 점에서 인간은 다른 동물과 다르다.
2. 인간만이 논리적 사고력이 있다.

réasonable

1261 □ **respect** [rispékt]

▸ This table is fine except in one respect–it won't fit into my room.

① respéctable ② respéctful ③ respéctive ④ respéctively

1262 □ **run** [rʌn]

1. Three candidates ran for President and he was elected.
2. Your nose is running. Blow it.
3. She runs a beauty shop.
4. This pond doesn't run dry even in summer.

in the long run

1263 □ **social** [sóuʃəl]

▸ He had little social life.

① socíety ② sócialize ③ sóciable ④ sociabílity

1264 □ **spell** [spél]

혱 [1]사리를 아는, 타당성 있는 [2](값이) 합당한, 예산에 맞는

명 점, 세목 (동 존경하다, 존중하다 명 존경, 존중)

▸ 이 테이블은 한 가지 점을 제외하면 좋습니다. – 내 방에 맞지 않는다는 거죠.

① 형 훌륭한, 상당한　② 형 정중한　③ 형 (복수명사를 수반하여) 각각의
④ 부 각각, 저마다

동 [1]경주에 나가다, 입후보 하다 [2]흐르다 [3]경영하다 [4]~이 되다
(동 뛰다)

1. 3명의 후보자가 대통령 후보에 출마했고 그가 선출되었다.
2. 콧물이 나오고 있어요. 코를 푸세요.
3. 그녀는 미용실을 경영하고 있다.
4. 이 연못은 여름에도 마르지 않는다.

숙 결국은

형 사교적인 (형 사회의, 사회적인, 사회생활을 영위하는)

▸ 그는 거의 사람과의 접촉을 하지 않았다[거의 사회생활이 없다].

① 명 사회, 교제, 협회　② 동 사회화하다　③ 형 사교적인, 붙임성이 있는
④ 명 사교성

명 [1](날씨 등이 계속되는) 기간 [2]주문 (동 맞춤법에 따라 쓰다)

1. We have had a long spell of cold weather.
2. The spell was broken and the pig turned into a man.

1265 □ **spring** [spríŋ]

1. There are a lot of hot springs in Japan.
2. Fear always springs from ignorance.

1266 □ **stand** [stǽnd]

1. I can't stand his arrogance any longer.
2. John is very tall. He stands about seven feet.

1267 □ **state** [stéit]

1. I'm in a poor state of health.
2. The report states that there will be a depression.

① státement ② státely

1268 □ **still** [stíl]

1. Children don't keep still.
2. The room was as still as the grave.
3. She has a lot of faults. Still, I like her.

still life

1. 긴 겨울 날씨가 한동안 계속되고 있다.
2 주문이 풀려 돼지가 사람으로 변했다.

명 ¹샘 동 ²생기다 (명 봄, 스프링 동 뛰어오르다)

1. 일본에는 많은 온천장이 있다.
2 공포는 항상 무지로부터 생긴다.

동 ¹참다 (= put up with) ²(높이, 값, 정도가) ~이다
(동 서다, 차 등이 정지하다)

1. 나는 그의 거만함을 더 이상 참을 수 없다.
2. 존은 대단히 키가 크다. 그는 거의 7피트나 된다.

명 ¹상태 동 ²진술하다 (명 국가, 주)

1. 나의 건강상태는 나쁘다.
2. 그 보고서에 의하면 불황이 온다고 한다.

① 명 진술, 성명 ② 형 당당한, 위엄이 있는 부 당당하게, 위엄있게

형 ¹움직이지 않고 있는 ²조용한 부 ³그런데도 불구하고
(부 아직, 지금까지도, 여전히)

1. 어린이들은 (움직이지 않고) 조용히 있지 않는다.
2. 그 방은 무덤처럼 조용하다.
3. 그녀에게는 결점이 많이 있지만 그런데도 (불구하고) 나는 그녀가 좋다.

숙 정물, 정물화

1269 □ **train** [tréin]

1. A long **train** of camels was moving to the west.
2. This dog is **trained** to smell out drugs.

1270 □ **well** [wél]

▸ Not a drop of rain fell for a month, so they had to dig a **well**.

1271 □ **wind** [wáind]

1. Life is a long and **winding** road.
2. Clocks used to be **wound** every day.

명 [1]열 동 [2]훈련하다 (명 열차)

1. 낙타의 긴 행렬이 서쪽으로 이동하고 있다.
2. 이 개는 냄새를 맡아 마약을 가려내도록 훈련되어 있다.

명 우물, 원천 (형 건강한 부 잘)

▶ 1개월간 전혀 비가 오지 않았으므로, 그들은 우물을 파지 않으면 안되었다.

동 [1]꾸불거리다 [2](시계 등을) 감다 (명 바람 [wínd])

1. 인생은 길고 꾸불거리는 길과 같다.
2. 매일 시계 태엽을 감곤 했다.

테스트 빈출 명사 ③

동 · 식물

□□ **cattle**	[kǽtl]	소
□□ **camel**	[kǽməl]	낙타
□□ **deer**	[díər]	사슴
□□ **squirrel**	[skwə́:rəl]	다람쥐
□□ **rabbit**	[rǽbit]	토끼
□□ **hare**	[hέər]	야생 토끼
□□ **reptile**	[réptil]	파충류
□□ **dinosaur**	[dáinəsɔ:r]	공룡
□□ **tortoise**	[tɔ́:rtəs]	(주로 육지·민물) 거북
□□ **turtle**	[tə́:rtl]	(바다) 거북
□□ **whale**	[hwéil]	고래
□□ **dolphin**	[dάlfin]	돌고래
□□ **owl**	[ául]	올빼미
□□ **parrot**	[pǽrət]	앵무새
□□ **goose**	[gú:s]	거위
□□ **crow**	[króu]	까마귀
□□ **hive**	[háiv]	벌통, 벌집
□□ **ant**	[ǽnt]	개미
□□ **moth**	[mɔ́(:)θ]	나비
□□ **mosquito**	[məskí:tou]	모기
□□ **web**	[wéb]	거미줄
□□ **bamboo**	[bæmbú:]	대나무
□□ **stalk**	[stɔ́:k]	식물의 줄기
□□ **trunk**	[trʌ́ŋk]	나무 줄기
□□ **vegetable**	[védʒətəbl]	야채
□□ **vegetation**	[vedʒətéiʃən]	식물
□□ **maple(tree)**	[méipl-]	단풍나무

Vocabulary 507

1272
□ **emerge** [imə́ːrdʒ]
나타나다
emérgence 명 출현

1273
□ **generate** [dʒénəreit]
낳다, 발생시키다
generátion 명 세대

1274
□ **underlie** [ʌndərlái]
[1]아래에 있다 [2]기초가 되다

1275
□ **precede** [pri(ː)síːd]
[1]앞장 서다 [2]우월하다
précedent 명 전례
unprécedented 형 선례가 없는, 공전의

1276
□ **orient** [ɔ́ːriənt]
옳은 방향으로 향하다
명 (the Orient로) 동양
형 (Orient로) 동양의
Oriéntal 형 동양의
orientátion 명 [1]방위 [2]지향

1277
□ **locate** [loukéit]
[1]소재지를 발견하다 [2]장소를 정하다
locátion 명 [1]소재지 [2]야외촬영지

be located in A A에 위치하다

1278
□ **erect** [irékt]
(건물 등을) 세우다
형 직립한, 기립한
eréction 명 [1]건설 [2]직립

1279
□ **enclose** [inklóuz]
[1]에워싸다 [2]동봉하다
disclóse 동 드러내다, 폭로하다
enclósure 명 [1]포위 [2]동봉

1280
□ **dwell** [dwél]
살다
dwéller 명 주민
dwélling 명 주거

dwell on A A의 일을 꼼꼼히 생각하다, A에 대해 길게 논하다

1281
□ **cultivate** [kʌ́ltəveit]
[1]경작하다[재배하다] [2](재능 등을) 닦다

1282
□ **sow** [sóu]
└ 발음주의
(씨를) 뿌리다, 파종하다

cf) **seed** 종자

1283
□ **drain** [dréin]
[1]배수[방수]하다 [2]비우게 하다, 고갈시키다
명 [1]배수구 [2]하수

1284
□ **assemble** [əsémbəl]
[1]모으다, 집합하다 [2]조립하다
assémbly 명 [1]집회 [2]조립

assembly line 조립 라인

1285
□ **accumulate** [əkjú:mjuleit]
축적하다
accumulátion 명 축적(물)

1286
□ **invest** [invést]
투자하다, (돈 등을) 부어넣다

1287
□ **undertake** [ʌndərtéik]
[1](일 등을) 인수하다 [2]착수하다

1288
□ **assign** [əsáin]
[1]할당하다 [2]임명하다
assígnment 명 [1]숙제 [2]할당

1289
□ **split** [splít]
[1]나누다[쪼개다] [2]분열하다
명 갈라짐

1290
□ **inhabit** [inhǽbit]
(어떤 장소에) 살다
inhábitant 명 주민

inhabit A A에 살다 (= live in A)

1291
□ **strive** [stráiv]
노력하다

1292
□ **toil** [tɔ́il]
힘써 일하다
명 노고, 수고, 고생
tóilsome 형 힘든, 고생스러운

1293
□ **attain** [ətéin]
[1]달성하다 (= achieve, accomplish)
[2]도달하다 (= reach)
attáinment 명 [1]달성 [2](*pl.*) 학식, 기능

1294
□ **abound** [əbáund]
풍부하다
abúndant 형 풍부한 (= rich)

ex) Oil abounds in America. 미국에는 석유가 풍부하다.
=America abounds in oil.

1295
flourish
[flə́:riʃ]

1번영하다 2활약하다

1296
inherit
[inhérit]

이어 받다, 상속하다

inhéritance 명 1상속(재산) 2(성격 등) 부친으로부터 이어 받은 것

1297
persist
[pərsíst]

1고집하다, 계속 주장하다 2지속하다

persístence 명 끈덕짐, 지속성
persístent 형 고집 센, 끈적진

persist in A / insist on A A를 계속 주장하다

1298
retain
[ritéin]

간직하다, 유지하다

1299
migrate
[máigreit]

1이주하다 2(새·짐승 등이) 철마다 정기적으로 이주하다

migrátion 명 1이주 2철따라 옮겨 다니며 삶
mígrant 명 이주자, 철새
mígratory 형 이주성의, 이주하는

1300
transplant
[trænsplǽnt]

이식하다

transplant a heart 심장을 이식하다

1301
scatter
[skǽtər]

살포하다, 흩뿌리다

be scattered 점재되어 있다
ex) Small islands are scattered on the sea.
(바다에 작은 섬이 여기저기 흩어져 있다.)

1302
□ **fade** [féid]
[1](색이) 바래다 [2](소리 등이) 꺼져가다 [3](꽃 등이) 시들다

1303
□ **perish** [périʃ]
죽다, 멸망하다
périshable 형 (식품이) 부패하기 쉬운

1304
□ **ruin** [rú(:)in]
[1]파멸시키다 [2]망쳐버리다
명 [1]파멸 [2](*pl.*) 폐허 rúined 형 황폐한

1305
□ **vanish** [vǽniʃ]
꺼지다 (= disappear)

1306
□ **revive** [riváiv]
소생하게 하다, 소생시키다
revíval 명 [1]소생하는 것 [2]부흥

1307
□ **salute** [səlúːt]
[1]경례하다 [2]인사하다
명 [1]경례 [2]인사 salutátion 명 인사

1308
□ **converse** [kənvə́ːrs]
함께 이야기하다
conversátion 명 회화, 담화

1309
□ **overhear** [ouvərhíər]
우연히 듣다, 엿듣다

1310
□ **chuckle** [tʃʌ́kl]
킬킬 웃다
명 킬킬 웃음

1311
□ **flatter** [flǽtər]
[1]아첨하다 [2]우쭐하게 하다
fláttery 명 공치사(를 말하는 것)

be flattered 즐겁게 생각하다
flattered oneself 우쭐해지다, 자만하다

1312
thrive
[θraív]
[1](사람·사업 등이) 번영하다, 흥하다 [2]성장하다

1313
cough
[kɔ́(:)f]
└ 발음주의
기침을 하다
명 기침

1314
mutter
[mʌ́tər]
[1]중얼거리다 [2]불평을 털어놓다

1315
narrate
[nǽreit]
이야기하다, 말하다
narrátion 명 [1]이야기 [2]스토리
nárrative 명 이야기 이야기 체의 문학
narrátor 명 이야기하는 사람, 나레이터

1316
recite
[risáit]
(청중 앞에서) 읊다, 암송하다
recítal 명 리사이틀, 연주회

1317
relate
[riléit]
[1]관련시키다 [2]이야기하다
relátion 명 관계, 관련
relátionship 명 관계

ex) He related to his child an amusing story.
(그는 그의 아이에게 재미있는 이야기를 해 주었다.)

1318
wither
[wíðər]
(식물 등이) 시들다, 시들게 하다

1319
conceal
[kənsí:l]
감추다 (= hide)

1320
□ **aspire**
[əspáiər]

열망하다

aspirátion 명 열망

1321
□ **pray**
[préi]

기도하다

prayer [préiər] 명 기도하는 사람 [préər] 명 기도

1322
□ **ascribe**
[əskráib]

~의 탓으로 하다

ascribe A to B A를 B의 탓으로 하다

1323
□ **derive**
[diráiv]

[1]유래[파생]하다 [2]끌어 내다

derive from A / be derived from A A에서 유래하다

ex) The word derives from Latin.
= The word is derived from Latin.
(그 말은 라틴어에서 유래한다.)

1324
□ **commit**
[kəmít]

[1](죄 등을) 범하다 [2]위탁하다

commíssion 명 [1]위임 [2](위탁된) 임무
commítment 명 [1]위탁 [2]약속
commíttee 명 위원회

1325
□ **capture**
[kǽptʃər]

포획하다, 잡다

명 포획물

cápture 명 포로
captívity 명 감금상태

1326
□ **grab**
[grǽb]

[1]붙들다, 부여잡다 [2]가로채다

1327 □ **arrest** [ərést]

¹체포하다 ²정지시키다, 저지하다

명 체포

arrésting 형 사람의 이목을 끄는, 이상적인

1328 □ **witness** [wítnis]

¹목격하다 ²증언하다

명 ¹목격자 ²증인, 증거

bear witness to A A의 증거가 되다, A의 증언을 하다

1329 □ **cite** [sáit] (발음주의)

인용하다

1330 □ **assert** [əsə́ːrt]

¹단언하다 ²주장하다

assértion 명 ¹단언 ²주장

assértive 형 단정적인

1331 □ **swear** [swɛ́ər]

¹맹세하다 ²욕을 하다

1332 □ **dictate** [díkteit]

¹구술하다 ²명령하다

dictátion 명 받아쓰기, 구술

díctator 명 독재자

dictátorship 명 독재정치, 독재권

1333 □ **insert** [insə́ːrt]

삽입하다, 끼워넣다

1334 □ **pronounce** [prənáuns]

¹발음하다 ²선고하다 ³단언하다

pronunciátion 명 발음

1335
compensate [kάmpənseit]

[1]보상하다 [2]메우다

compensátion 명 보상

compensate for A A의 보상을 하다, A를 메우다 (= make up for A)

1336
discern [disə́ːrn]

식별하다

discérnible 형 식별할 수 있는
discérning 형 통찰력이 있는

1337
detect [ditékt]

발견하다, 간파하다

detéctive 명 탐정, 형사

detective story 탐정소설

1338
penetrate [pénətreit]

[1]꿰뚫다 [2]침투하다 [3]꿰뚫어 보다

pénetrating 형 [1]통찰력이 있는 [2]관통하는

1339
pierce [píərs]

[1]뚫다 [2]몸에 사무치다

píercing 형 [1](추위 등이) 몸에 사무치는 [2](눈 등이) 예리한

1340
contemplate [kάntəmpleit]
액센트주의

[1]숙고하다 [2]응시하다, 정관하다

contemplátion 명 [1]숙고 [2]응시
cóntemplative 형 명상적인

1341
dispose [dispóuz]

[1]배열하다 [2]~ 하는 경향을 갖게 하다

dispósal 명 [1]처분 [2]배열
disposítion 명 [1]기질 [2]배열 [3]처분

dispose of A A를 처리하다
at one's disposal ~의 뜻대로
be disposed to do ~하려고 하는 마음이 되다

1342
□ **classify** [klǽsəfai]

분류하다

classificátion 명 분류

1343
□ **discriminate** [diskrímineit]

[1]구별하다 [2]차별하다

discriminátion 명 [1]구별 [2]차별
discríminatory 형 편견을 가진

racial discrimination 인종차별

1344
□ **comprehend** [kamprihénd]
└ 액센트주의

[1]이해하다 [2]포괄하다

comprehénsion 명 [1]이해 [2]포괄
comprehénsible 형 이해가능한
comprehénsive 형 포괄적인

1345
□ **digest** [daidʒést]

[1]소화하다 [2]흡수하다

명 [didʒést] 요약
digéstion 명 소화

1346
□ **register** [rédʒəstər]

[1]기록하다 [2]등기로 하다

명 [1]기록, 등록 [2]레지스터

ex) I want to have this letter registered.
(이 편지를 등기로 하여 주십시오.)

1347
□ **testify** [téstəfai]

증언하다

téstimony 명 [1]증언 [2]증거

1348
□ **cherish** [tʃériʃ]

[1](어린아이를) 소중히 하다 [2](소망·신앙·원한 등을) 마음에 품다

1349
□ **assent** [əsént]

찬성하다

명 찬성

1350
☐ **grant** [grǽnt]
¹인정하다 ²수여하다
take A for granted A를 당연한 것으로 생각하다
granted[granting] (that) ~ 만약에 [가령] ~라 하더라도

1351
☐ **meditate** [méditeit]
¹깊이 생각하다 ²꾀하다, 계획하다
meditátion 명 명상, 숙고

1352
☐ **confess** [kənfés]
고백하다, 자백하다
conféssion 명 고백, 자백

1353
☐ **assess** [əsés]
평가하다, 견적하다
asséssment 명 평가, 견적
environmental assessment 환경 평가

1354
☐ **ascertain** [æsərtéin]
액센트주의
확인하다

1355
☐ **ensure** [inʃúər]
¹보증하다 ²확보하다

1356
☐ **coin** [kɔ́in]
¹새로운 언어 등을 만들다 ²화폐를 주조하다
명 경화

1357
☐ **illuminate** [il(j)úːmineit]
¹조명하다, 비추다 ²계몽[개발] 하다
illuminátion 명 ¹조명 ²(pl.)전광 장식, 계몽

1358
☐ **assimilate** [əsímileit]
¹동화하다 ²흡수하다
assimilátion 명 ¹동화 ²흡수

1359
□ **resolve** [rizάlv]

[1]결심하다, 결의하다 [2]해결하다 [3]분해하다

resolútion 명 [1]결심, 결의 [2]해결 [3]분해
résolute 형 굳게 결심한

1360
□ **conceive** [kənsíːv]

[1]마음에 품다, ~라고 생각하다 [2]임신하다

cóncept 명 생각, 개념
concéption 명 [1]생각, 개념 [2]임신
concéivable 형 생각할 수 있는
concéptual 형 개념상의

1361
□ **forecast** [fɔ́ːrkæst]

(일기 등을) 예보하다

명 예보, 예측

the weather forecast 일기예보

1362
□ **foresee** [fɔːrsíː]

예견하다, 미리보다

fóresight 명 선견지명

1363
□ **foretell** [fɔːrtél]

예언[예지]하다

1364
□ **undergo** [ʌndərgóu]

경험하다

undergo an operation 수술을 받다

1365
□ **cope** [kóup]

잘 처리하다

cope with A A를 잘 처리하다

1366
□ **acknowledge** [æknάlidʒ]

인정하다

acknówledgement 명 승인

1367
☐ **embody** [imbɑ́di]
(사상 등을) 구체화하다

1368
☐ **err** [ə́:r]
└ 발음주의
과오를 범하다
érror 명 과오
errόneous 형 잘못된

1369
☐ **decay** [dikéi]
1부식하다 (= rot) 2쇠퇴하다 (= decline)
명 1부패 2쇠퇴
decayed tooth 충치

1370
☐ **abuse** [əbjú:s]
1오용[남용]하다 2학대하다
명 [əbjú:z] 1오용 2학대
drug abuse 약의 남용
word abuse 단어의 오용
child abuse 아동학대

1371
☐ **indulge** [indʌ́ldʒ]
1빠지다, 탐닉하다 2만족시키다
indúlgence 명 1탐닉 2(좋아하는 일에) 빠지는 것
indúlgent 형 (사람에 대하여) 관대한
indulge oneself in A A에 빠지다

1372
☐ **tease** [tí:z]
희롱하다, 괴롭히다

1373
☐ **disregard** [disrigɑ́:rd]
무시하다
명 무시

1374
☐ **scorn** [skɔ́:rn]
경멸하다 (= despise)
명 경멸
scórnful 형 경멸한

1375
- **evaluate** [ivǽljueit]

평가하다

evaluátion 명 평가

1376
- **bewilder** [biwíldər]

당황하게 하다, 어리둥절하게 하다

bewílderment 명 당혹, 곤혹

1377
- **perplex** [pərpléks]

당혹시키다

perpléxity 명 곤혹
perpléxing 형 당황하게 하는
perpléxed 형 난처한

1378
- **embarrass** [imbǽrəs]
  ㄴ 액센트주의

(부끄러움·불안한 기분으로) 당혹시키다, 곤란하게 하다

embárrassing 형 쩔쩔매게 하는

1379
- **dismay** [disméi]

당황하게 하다, 실망시키다

명 당황, 놀람, 실망

1380
- **interfere** [intərfíər]
  ㄴ 액센트주의

간섭하다, 방해하다

interférence 명 간섭, 방해

interfere with A A를 방해하다

1381
- **violate** [váiəleit]

[1]위반하다 [2]침해하다

violátion 명 위반
víolence 명 폭력
víolent 형 격렬한

1382
- **jam** [dʒǽm]

[1](장소를) 막다, 메우다 [2](용기 등에) 채워 넣다

명 꽉 들어참

traffic jam 교통체증, 마비

1383
□ **agitate** [ǽdʒiteit]
[1](기분 등을) 흔들다, 교란하다 [2]선동하다
agitátion 명 [1]동요 [2]선동
ágitator 명 선동자
ágitated 형 흥분한

1384
□ **scare** [skɛ́ər]
깜짝 놀라게 하다
명 공포
scáred 형 깜짝 놀란, 겁에 질린

1385
□ **shudder** [ʃʌ́dər]
(혐오 등으로) 떨다, 몸서리 치다
명 전율

1386
□ **resent** [rizént]
[1]분개하다 [2]대단히 싫어하다
reséntful 형 분개한

1387
□ **condemn** [kəndém]
[1]비난하다 [2]유죄판결을 내리다
condemnátion 명 [1]비난 [2]유죄판결

1388
□ **endanger** [indéindʒər]
위험에 빠뜨리다
endángered 형 멸종될 지경에 이른, 위험에 빠뜨린

1389
□ **obstruct** [əbstrʌ́kt]
방해하다, 막다, 차단하다
obstrúction 명 장애(물)

1390
□ **contend** [kənténd]
[1]싸우다 [2]주장하다

1391
□ **dispute** [dispjúːt]
액센트주의
논쟁·토론하다
명 [1]논의, 토론 [2]분쟁, 말다툼
dispútable 형 논쟁의 여지가 있는

1392
□ **resort**
[rizɔ́:rt]

¹(달갑지 않은 수단에) 호소하다
²(즐거운 곳에) 종종 가다

명 ¹호소하는 것 ²행락지

resort to A A에 호소하다, A에 종종 드나들다

1393
□ **invade**
[invéid]

¹침입하다 ²침해하다

inváder 명 침입자, 침략자
invásion 명 침입, 침략

1394
□ **react**
[ri(:)ǽkt]

¹반응하다 ²반항하다

reáction 명 ¹반응 ²반작용 ³반발
reáctionary 형 (사상 등이) 반동적인, 복고적인

1395
□ **withstand**
[wiðstǽnd]

견디다, 저항하다

1396
□ **collide**
[kəláid]

충돌하다

collísion 명 충돌

1397
□ **exert**
[igzə́:rt]
└ 발음주의

(힘·능력·지력 등을) 쓰다, 일하게 하다

exert oneself (to do) (~하려고) 노력하다

1398
□ **venture**
[véntʃər]

¹위험을 무릅쓰고 하다 ²위험에 몸을 내맡기다

명 모험, 모험적 사업
vénturous 형 모험적인, 무모한

venture to do 위험을 무릅쓰고 (과감히) ~ 하다

1399
□ **overwhelm** [ouvərhwélm]
[1]압도하다 [2]당황[난처]하게 하다
overwhélming 형 압도적인

1400
□ **surpass** [səːrpǽs]
능가하다

1401
□ **reproach** [ripróutʃ]
비난하다
명 비난

1402
□ **smash** [smǽʃ]
때려 부수다

1403
□ **shatter** [ʃǽtər]
산산이 부수다

1404
□ **crush** [krʌ́ʃ]
[1]눌러 부수다 [2]박살을 내다

1405
□ **depress** [diprés]
[1]낙담시키다 [2]내리 누르다
depréssion 명 [1]우울 [2]불황
depréssing 형 억압적인, 침울하게 만든

1406
□ **hinder** [híndər]
방해[훼방]하다 (= prevent, deter)
híndrance 명 방해(물)
hinder A from doing A가 ~하는 것을 방해하다

1407
□ **disable** [diséibl]
능력을 빼앗다
the disabled 신체에 장애가 있는 사람

1408
□ **suppress** [səprés]
억압하다
suppréssion 명 억압

1409
submit [səbmít]

¹복종하다 ²제출하다

submíssion 명 ¹복종 ²제출
submíssive 형 복종하는

submit to A = submit oneself to A A에 복종하다 (= give oneself up to A, yield to A, give in to A, give way to A, surrender to A)

1410
intrude [intrúːd]

¹억지로 밀어넣다 ²(생각 등을) 강요하다, 참견하다

intrúsion 명 ¹침입, 침해 ²의견을 강요하는 것

intrude A on B A를 B에 참견하다

1411
flee [flíː]

도망가다

1412
recede [risíːd]

후퇴하다

recéssion 명 ¹경기후퇴 ²후퇴

1413
withdraw [wiðdrɔ́ː]

¹빼다, 물러나게 하다 ²(예금 등을) 빼내다, 인출하다

withdráwal 명 ¹철회 ²(예금 등의) 인출
withdráwn 형 내향적인

1414
repeant [ripént]

후회하다, 유감으로 생각하다

1415
deplore [diplɔ́ːr]

개탄하다

deplórable 형 통탄할

1416
□ **grieve**
[gríːv]

몹시 슬퍼하다, 깊이 슬퍼하게 하다

gríef 명 큰 슬픔, 비탄
gríevance 명 불평거리, 불만의 원인

1417
□ **reconcile**
[rékənsail]
액센트주의

[1]화해시키다 [2]조화시키다

reconcile A with B A를 B와 화해[조화]시키다
reconcile oneself to A A를 감수하다

1418
□ **negotiate**
[nigóuʃieit]

받다, 수취하다, 얻다

negotiátion 명 교섭, 담합

1419
□ **partake**
[pɑːrtéik]

참가하다

partake in A A에 참가하다
(= take part in A, participate in A)

1420
□ **cooperate**
[kouɑ́pəreit]

협력하다

cooperátion 명 협력
coóperative 형 [1]협력적인 [2]협동조합 조직의

1421
□ **esteem**
[istíːm]

[1]존중하다 [2]~라고 생각하다

명 존중, 평가

1422
□ **worship**
[wə́ːrʃip]

숭배하다

명 숭배

1423
□ **endow**
[indáu]
발음주의

[1]수여하다 [2]주다

endow A with B A에게 B를 주다
be endowed with A A를 타고나다

ex) He is endowed with musical talent.
(그는 음악적 재능을 타고 났다.)

1424
□ **entitle**
[intáitl]

¹자격을 주다 ²표제를 붙이다

be entitled to do ~할 자격이 있다

1425
□ **enchant**
[intʃǽnt]

¹매료시키다 ²마법을 걸다

enchánting 형 매혹적인
enchántment 명 매력, 마법에 걸리게 하는 것

1426
□ **console**
[kənsóul]

위로하다

consolátion 명 위로

1427
□ **animate**
[ǽnimeit]

활기를 불어 넣다, 생명을 불어 넣다

animátion 명 ¹생기 ²애니메이션
ánimated 형 생기 있는

1428
□ **rouse**
[ráuz]
└ 발음주의

¹자각시키다 ²(남을) 분발시키다

1429
□ **lament**
[ləmént]

슬퍼하다, 애도하다

lámentable 형 슬퍼할

1430
□ **foster**
[fɔ́(ː)stər]

¹육성하다 ²(친 자식이 아닌 아이를) 양육하다

형 친부모와 같은 애정을 주는

foster parent 양부모

1431
□ **applaud**
[əplɔ́ːd]

박수치다

appláuse 명 ¹박수 ²칭찬

1432
□ **bless** [blés]

축복하다

blέssed 형 축복된
bléssing 명 축복, 은총

be blessed with A (날 때부터) A의 행운을 누리다

1433
□ **render** [réndə*r*]

[1](상태가) 되게 하다 [2](원조 등을) 주다

render A B (1) A를 B로 하다 (= make A B)
(2) A에게 B를 주다 (= give A B)

1434
□ **alter** [ɔ́ːltə*r*]

변하게 하다

alterátion 명 변경

1435
□ **barter** [bɑ́ː*r*tə*r*]

물물교환하다

명 물물교환

1436
□ **disguise** [disgáiz]

[1]변장시키다 [2]감추다

명 [1]변장 [2]가장

1437
□ **fascinate** [fǽsəneit]

매혹하다, 넋을 빼앗다

fascinátion 명 매혹
fáscinating 형 매혹적인

1438
□ **multiply** [mʌ́ltiplai]

[1]점점 증가시키다 [2](수를) 곱하다

multiplicátion 명 [1]곱셈 [2]증가
múltiple 명 배수 형 복잡한
múltitude 명 [1]다수 [2](the –s 로) 대중

2 × 3 = 6 : **Two multiplied by three is six.**

1439
□ **dispense**
[dispéns]

분배하다

dispense with A　A 없이 지내다 (= do without A)
~ 하지 않아도 되게 하다

1440
□ **prolong**
[prəlɔ́(ː)ŋ]

(수명 등을) 늘이다, (체재기간 등을) 연장하다

prolónged 형 장기의, 오래 끄는

1441
□ **expand**
[ikspǽnd]

넓히다, 넓어지다

expánsion 명 확대

1442
□ **diminish**
[dimíniʃ]

줄이다, 감소하다 (= decrease)

1443
□ **accelerate**
[ækséləreit]

가속화 시키다

1444
□ **inspire**
[inspáiər]

1(기분 등을) 고무하다　2영감을 주다

inspirátion 명 영감, 묘안
inspíring 형 영감을 주는, 고무하는

1445
□ **regulate**
[régjuleit]

규제하다, 단속하다

regulátion 명 규제, 규칙, 단속

1446
□ **mold**
[móuld]

1형틀에 넣어 만들다　2(인격 등을) 형성하다

명 주형

1447
☐ **nourish** [nə́:riʃ] 키우다, 양육하다
nóurishment 명 영양

1448
☐ **modify** [mɑ́difai] [1]수정하다 [2](문법)어구를 수식하다
modificátion 명 수정, 수식

1449
☐ **refine** [rifáin] [1]정제하다 [2](태도 등을) 세련된 것으로 하다
refíned 형 [1]정제한 [2]세련된

1450
☐ **shrink** [ʃríŋk] [1]오그라들다, 줄어들다 [2]움츠리다, 피하다

1451
☐ **lessen** [lésn] 적게 하다, 작게 하다

1452
☐ **celebrate** [séləbreit] 축하하다
célebrated 형 유명한

1453
☐ **lower** [lóuər] 낮추다, 낮아지다

1454
☐ **restore** [ristɔ́:r] [1](제도 등을) 부활시키다 [2]원래의 상태로 되돌리다
restorátion 명 회복, 부흥

1455
☐ **resume** [riz(j)ú:m] 다시 시작하다, 다시 계속하다

1456
☐ **abandon** [əbǽndən] 버리다, 포기하다 (= give up)

1457
□ **discard**
[diskɑ́ːrd]

던져 버리다 (= throw away)

1458
□ **eliminate**
[ilímineit]

제거하다

elimination 명 제거

1459
□ **extract**
[ikstrǽkt]

[1]발췌하다 [2]끌어내다

명 [ékstrækt] [1]발췌 [2]추출물

1460
□ **congratulate**
[kəngrǽtʃuleit]
└ 액센트주의

[1]축하하다 [2]축하한다고 말하다

congratulation 명 (pl.) 축사

"Congratulations!" 축하합니다!
congratulate A on B A에게 B를 축하하다

1461
□ **distract**
[distrǽkt]

마음을 딴 데로 돌리다

distraction 명 기분전환, 오락

1462
□ **exhaust**
[igzɔ́ːst]

피곤하게 하다 (= tire out, wear out)
소진하다 (= use up)

exhausting 형 (일 등이) 소모적인, 피로하게 하는
exhausted 형 다 써버린, 지칠대로 지친
inexhaustible 형 지칠 줄 모르는, 무진장한

1463
□ **award**
[əwɔ́ːrd]

(상 등을) 수여하다, 주다

명 상, 상품, 상금

1464
□ **dismiss**
[dismís]

[1]해고하다 (= fine) [2]버리다 [3]해산하다

dismissal 명 [1]해고 [2]해산

1465
□ **disarm** [disɑ́ːrm]
무장해제 하다, 군비를 축소하다
disármament 명 [1]무장해제 [2]군축

1466
□ **adhere** [ædhíər]
[1]고집하다 [2]점착[부착]하다
adhérence 명 고집, 집착
adhésion 명 점착
adhere to A A에 집착하다

1467
□ **detach** [ditǽtʃ]
떼어내다, 분리하다
detáchment 명 [1]분리 [2]무관심 [3]공평한 태도
detáched 형 [1]분리한 [2]무관심한 [3]공평한

1468
□ **cast** [kǽst]
[1]던지다 [2]배정하다, 배역하다
명 [1]던지는 것 [2]배역, 캐스트

1469
□ **except** [iksépt]
제외하다, 빼다 (= exclude)
전 ~을 제외하고
excéption 명 예외
excéptional 형 예외적인

1470
□ **bet** [bét]
걸다
명 걸기
I('ll) bet (you) that 절 꼭 ~ 이다

1471
□ **transmit** [trænsmít]
[1]보내다 [2]전해 주다 [3]전염시키다
transmíssion 명 [1]전달 [2]전염

1472
□ **fetch**
[fétʃ]

가지고 오다

take 가지고 가다
bring 가지고 오다
fetch (다른 장소에 가서) 가지고 오다

1473
□ **load**
[lóud]

¹(짐 등을) 싣다 ²채워 넣다

명 적재 하물

load A with B = load B into[onto] A A에 B를 싣다

1474
□ **mingle**
[míŋgl]

섞다, 혼합하다

mingle A with B A를 B와 섞다

1475
□ **thrust**
[θrʌ́st]

¹밀다, 밀치다 ²떠밀다

1476
□ **stumble**
[stʌ́mbl]

채여 비틀거리다

명 ¹비틀거림 ²실패

1477
□ **creep**
[kríːp]

¹기다 ²포복하다

1478
□ **leap**
[líːp]

뛰다, 튕기다

명 뛰는 것

leap year 윤년

1479
□ **rotate**
[róuteit]

회전하다

rotátion 명 ¹회전 ²자전

in rotation 교대로

1480
□ **plunge**
[plʌ́ndʒ]

던져넣다, 뛰어들다

1481
□ **roar**
[rɔ́ːr]

[1]으르렁거리다 [2](천둥·대포 등이) 노호하다

1482
□ **soar**
[sɔ́ːr]

[1]높이 치솟다 [2]급상승하다

1483
□ **track**
[trǽk]

발자국을 쫓다

명 [1]지나간 자취 [2](경기장의) 트랙 [3](철도의) 궤도, 길

1484
□ **soak**
[sóuk]

[1]적시다 [2]흠뻑 젖게 하다

sóaking 형 (사람을) 흠뻑 젖게 하는

be soaked 흠뻑 적시다
ex) We got soaked in a shower.
(우리들은 소나기에 흠뻑 젖었다.)

1485
□ **knit**
[nít]
└ 발음주의

짜다

knit one's brows 눈살을 찌푸리다

1486
□ **weave**
[wíːv]

직조하다

1487
□ **constitute**
[kɑ́nstit(j)uːt]
└ 액센트주의

[1]구성하다 [2]제정하다

constitútion 명 [1]헌법 [2]구조 [3]체격
constitútional 형 [1]헌법상의 [2]체격의

1488
□ **dedicate**
[dédikeit]

바치다 (= devote)

dedicátion 명 헌신

1489
□ **supreme**
[s(j)uprí:m]

최고의

suprémacy 명 [1]최고 [2]주권

the Supreme Court 최고재판소

1490
□ **sober**
[sóubər]

[1]술 취하지 않는 [2]절도 있는

cf) **drunken** 술취한, 만취한

1491
□ **prudent**
[prú:dənt]

주의깊은, 분별있는

imprúdent 형 경솔한
prúdence 명 신중함, 분별

1492
□ **secure**
[sikjúər]

[1]안전한 [2]확보된

동 확보하다
insecúre 형 불안정한
secúrity 명 안전

1493
□ **prominent**
[prámənənt]

[1]돌출한 [2]눈에 띄는 [3]우수한

próminence[-cy] 명 [1]현저 [2]탁월

1494
□ **subtle**
[sʌ́tl]
발음주의

미묘한

súbtlety 명 미묘함

1495
□ **naive**
[nɑ:í:v]

[1]세상물정 모르는, 고지식한 [2]순진한, 천진난만한

[참고] 긍정적, 부정적 의미가 모두 있음에 주의.

1496
- **loyal** [lɔ́iəl]
  충실한, 성실한
  lóyalty 명 충성
  loyal to A　A에 충실한

1497
- **sacred** [séikrid]
  신성한

1498
- **pious** [páiəs]
  믿음이 깊은, 경건한
  ímpious 형 신앙심 없는
  píety 명 신앙심, 경건

1499
- **hospitable** [hɑ́spitəbəl]
  대우가 좋은, 손님 접대를 잘하는
  hospitálity 명 접대, 환대

1500
- **fertile** [fə́ːrtl]
  [1]비옥한 [2](동식물이) 다산한 [3]상상력이 풍부한
  fértilize 동 (토지를) 비옥하게 하다
  fertílity 명 [1]비옥함 [2]다산
  fértilizer 명 (화학) 비료

1501
- **extinct** [ikstíŋkt]
  [1](종족 등이) 절멸한, 멸종한 [2](불, 빛 등이) 꺼진
  extínguish 동 [1](불이나 화염 등을) 끄다 (= put out)
  [2](종족 등을) 절멸하다
  extínction 명 [1]절멸 [2]소화

1502
- **elaborate** [ilǽbərit]
  고심하여 만들어 낸, 공들인, 정교한
  동 공들여 만들어 내다

1503
□ **durable** [d(j)úərəbl]
영속성 있는, 내구력이 있는
durátion 명 존속기간
durable goods 영구재

1504
□ **courteous** [kə́ːrtiəs]
대우가 좋은, 손님 접대를 잘하는
cóurtesy 명 예의바름

1505
□ **naughty** [nɔ́ːti]
(어린이가) 장난꾸러기의

1506
□ **ardent** [ɑ́ːrdənt]
1불타는 것 같은, 격한 2열심인

1507
□ **alert** [ələ́ːrt]
1주의 깊은 2빈틈이 없는
동 경고하다, 주의하다 명 경계경보
on the alert 빈틈없이 경계하여

1508
□ **vigorous** [vígərəs]
정력적인, 강한 힘의
vígor 명 1활력 2강한 힘

1509
□ **patriotic** [peitriɑ́tik]
└ 액센트주의
애국적인
pátriotism 명 애국심
pátriot 명 애국자

1510
□ **outstanding** [autstǽndiŋ]
눈에 띄는
stand out 눈에 띄다

1511
□ **tedious** [tíːdiəs]
지루한
tédium 명 지루함

1512
□ **tiresome** [táiərsəm]
지루한, 귀찮은
tíre 동 1피곤하게 하다 2지치게 하다

1513
□ **weary** [wíəri]
[1]지친 [2]싫증이 난
동 [1]피곤하게 하다 [2]지루하게 하다

1514
□ **wretched** [rétʃid]
비참한, 불쌍한, 처참한

1515
□ **stale** [stéil]
[1](식물 등이) 신선하지 않은 [2](표현 등이) 진부한

1516
□ **shabby** [ʃǽbi]
[1](양복 등이) 초라한, 누더기를 걸친 [2](사람이) 누추한, 비열한

1517
□ **ruthless** [rú:θlis]
인정사정 없는, 무자비한

1518
□ **reckless** [réklis]
앞뒤를 가리지 않는
reckless driving 무모한 운전

1519
□ **mischievous** [místʃivəs]
└ 액센트주의
[1]장난을 좋아하는, 개구쟁이의 [2]유해한
míschief 명 [1](아이들의) 장난 [2]유해

1520
□ **notorious** [noutɔ́:riəs]
악명높은 (= infamous)

1521
□ **dim** [dím]
[1]어둑한 [2]흐릿한

1522
□ **dismal** [dízməl]
└ 발음주의
음침한, 음산한, 우울한

1523
- **grim** [grím]
  ¹엄한 ²냉혹한 ³기분잡친

1524
- **futile** [fjúːtəl]
  효과 없는, 쓸데없는, 무익한

1525
- **fragile** [frǽdʒəl]
  깨지기 쉬운, 빈약한

1526
- **bankrupt** [bǽŋkrʌpt]
  도산한
  bánkruptcy 명 도산
  go bankrupt 도산하다

1527
- **fierce** [fíərs]
  ¹흉포한 ²맹렬한, 지독한
  fíercely 부 ¹흉포하게 ²맹렬하게, 지독하게

1528
- **dreadful** [drédfəl]
  ¹무시무시한 ²몹시 불쾌한, 따분한
  dréad 동 두려워하다 명 공포

1529
- **devoid** [divɔ́id]
  빠진, 결여한
  be devoid of A A가 결여되다

1530
- **corrupt** [kərʌ́pt]
  ¹타락한, 부정한 ²뇌물로 움직이는
  동 타락시키다, 타락하다
  corrúption 명 타락, 부정부패

1531
- **brutal** [brúːtl]
  ¹야만적인 ²잔혹한
  brúte 명 야수 형 이성이 없는
  brútish 형 ¹야수와 같은 ²불합리한

1532
- **arrogant** [ǽrəgənt]
  교만한, 건방진
  árrogance 명 교만한 태도

1533
monotonous [mənɑ́tənəs] (액센트주의)

단조로운

mónotone 명 (음악의)단조, 단조로움

1534
infectious [infékʃəs]

전염성의

inféct 동 전염시키다
inféction 명 전염, 감염

infectious disease 전염병

1535
infamous [ínfəməs] (액센트주의)

1악명높은 (= notorious) 2불명예스러운 (= dishonorable)

[참고] infamous '유명하지 않은'이 아니라 '악명높은'이라는 뜻임에 주의.

1536
abrupt [əbrʌ́pt] (발음주의)

1돌연한 2뜻밖의, 당돌한

1537
prompt [prɑ́mpt]

기민한, 신속한

동 부추기다, 자극하다
prómptly 부 1정확하게 2신속하게

1538
pressing [présiŋ]

긴급한

pressing business matters 긴급을 요하는 용건
[참고] 동사 press (독촉하다)에서 나온 말.

1539
ample [ǽmpl]

1충분한, 남아도는 2광대한

ámplify 동 확대하다

1540
appropriate [əpróupriit]

적절한

inapprópriate 형 부적당한
apprópriately 부 적절히

1541
☐ **innumerable** [in(*j*)ú:mərəbl]
무수의 (= countless)

1542
☐ **infinite** [ínfənət]
└ 액센트주의
무한의
fínite 형 한정된
infínity 명 무한

1543
☐ **gross** [gróus]
└ 발음주의
¹총계의 ²심한 ³커다란
gross national product 국민총생산 (GNP)

1544
☐ **random** [rǽndəm]
무작위의, 계획성 없는, 닥치는대로의
at random 닥치는대로, 되는대로

1545
☐ **deficient** [difíʃənt]
¹결여된 ²불충분한
defíciency 명 ¹부족 ²결여
be deficient in A A가 결여된 (= be lacking in A)

1546
☐ **vertical** [və́:rtikl]
수직의

1547
☐ **parallel** [pǽrəlel]
¹평행의 ²상당하는, 비슷한
명 ¹평행선 ²필적하는 것
ex) Your experience as a foreign student is parallel to mine.
(네 유학생 체험은 나의 체험과 비슷하다.)

1548
☐ **valid** [vǽlid]
¹정당한 ²합법적인 ³유효한
valídity 동 ¹정당성 ²합법성

ex) The ticket is valid for three months.
(그 티켓은 3개월간 유효하다.)

1549
□ **superficial** [s(j)uːpərfíʃəl]
¹표면의 ²껍데기뿐의

1550
□ **profound** [prəfáund]
¹깊은 ²난해한
profóundly 부 ¹깊게 ²몹시, 간절히

1551
□ **stubborn** [stʌ́bərn]
¹완고한 (= obstinate) ²(행동이) 단호한

1552
□ **tame** [téim]
길들인 (= domestic), 유순한
동 ¹길들이다 (= domesticate) ²(자연의 힘 등을) 제어하다

1553
□ **stout** [stáut]
¹든든한 ²살찐

1554
□ **stiff** [stíf]
딱딱한, 경직된, 굳은
stíffen 동 뻣뻣하게 하다

1555
□ **stern** [stə́ːrn]
엄격한, 엄한

1556
□ **sore** [sɔ́ːr]
아픈, 염증을 일으킨

ex) I have a sore throat from a cold.
(감기로 목이 아프다.)

1557
□ **sheer** [ʃíər]
¹완전한, 진짜 ²(경사가) 가파른, 깎아지른 듯한
부 ¹완전히, 참으로 ²수직으로, 똑바로

1558
- **reverse** [rivə́:rs]

거꾸로의

revérsible 형 역으로 할 수 있는
reversibílity 명 가역성

1559
- **relevant** [réləvənt]

관련이 있는, 적절한

irrélevant 형 무관계의, 부적절한
rélevance [-cy] 명 관련성

be relevant to A A에 관련이 있다

1560
- **pathetic** [pəθétik]

애처로운

1561
- **neutral** [n(j)ú:trəl]

[1]중립의 [2]분명하지 않은

1562
- **mutual** [mjú:tʃuəl]

[1]상호의 [2]공통의

1563
- **mortal** [mɔ́:rtl]

[1]죽을 운명에 있는 [2]치명적인 [3]인간의

명 인간
immórtal 형 불멸의, 불사의
mortálity 명 [1]죽을 운명 [2]사망수, 사망율

infant mortality 명 유아사망율

1564
- **mobile** [móubəl]

움직이기 쉬운, 이동가능한

mobílity 명 움직이기 쉬움, 이동성
immobílity 명 움직이지 않는 것

1565
- **ripe** [ráip]

[1](과실 등이) 익은 [2]기회가 무르익은

rípen 동 익히다, 원숙하게 하다

1566
□ **mature**
[mət(j)úər]
↑ 액센트주의

[1]성숙한 [2](과실 등이) 원숙한

동 성숙하다, 성숙시키다
immatúre 형 미숙한
matúrity 명 성숙, 원숙

1567
□ **maternal**
[mətə́:rnl]
↑ 액센트주의

어머니의, 어머니다운

matérnity 명 여성

cf) paternal 아버지의

1568
□ **masculine**
[mǽskjulin]

남성의, 남자다운

cf) feminine 여성의, 여자다운

1569
□ **linguistic**
[liŋgwístik]

[1]언어학(상)의 [2]언어의

língu ist 명 [1]언어학자 [2]어학에 재능이 있는 사람
linguístics 명 언어학
bilíngual 명 2개국어를 말하는 사람

ex) She is a good[bad] linguist.
(그녀는 외국어를 잘한다[서툴다].)

1570
□ **intent**
[intént]

[1]열중하여 [2](마음·눈이) 확고하게 향해진
명 의도, 목적

inténd 동 의도하다
inténtion 명 의도
inténtly 부 열심히

1571
□ **humid**
[hjú:mid]

습기가 많은

humídity 명 습기, 온도

1572
□ **crucial** [krúːʃəl]
¹결정적인 ²중요한

1573
□ **awful** [ɔ́ːfəl]
¹무서운 ²경외심을 일으키게 하는
áwe 명 경외
áwfully 부 무섭게, 두렵게

1574
□ **equivalent** [ikwívələnt]
동등한, 같은 가치[양]의
명 동등물
be equivalent to A A와 맞먹는

1575
□ **conservative** [kənsə́ːrvətiv]
보수적인
consérve 동 보존하다
conservátion 명 보존
conservátionist 명 환경보호론자
consérvatism 명 보수주의

1576
□ **colloquial** [kəlóukwiəl]
구어의, 일상 회화의

1577
□ **coherent** [kouhíərənt]
일관한, 조리가 서는
incohérent 형 일관하지 않은
cohérence 명 조리가 서 있는 것

1578
□ **inborn** [ínbɔ́ːrn]
날 때부터의 (= innate, inherent)

1579
□ **approximate** [əprɑ́ksəmeit]
근사한, 대략의
approximátion 명 ¹접근 ²근사치
appróximately 부 대략, 약

1580
- □ **meanwhile** [míːnhwail]
  부 그 동안에, 한편 (= in the meantime)

1581
- □ **thereby** [ðɛərbái]
  부 그것에 의하여 (= by that)

1582
- □ **reportedly** [ripɔ́ːrtidli]
  부 (문장 수식으로) 전해지는 바에 의하면

1583
- □ **notwithstanding** [nɑtwiðstǽndiŋ]
  부 그것에도 불구하고
  명 습기, 습도

빈출 문법 용어

grammar	[grǽmər]	문법
eight parts of speech		8품사
noun	[náun]	명사
pronoun	[próunaun]	대명사
verb	[vɔ́ːrb]	동사
adjective	[ǽdʒiktiv]	형용사
adverb	[ǽdvəːrb]	부사
conjunction	[kəndʒʌ́ŋkʃən]	접속사
preposition	[prepəzíʃən]	전치사
interjection	[intərdʒékʃən]	감탄사
syllable	[síləbl]	음절
vowel	[váuəl]	모음
consonant	[kɑ́nsənənt]	자음

1584
vocation [voukéiʃən]
¹직업 ²천직
vocátional 형 직업상의

1585
grocery [gróusəri]
식료잡화(점)
grócer 명 식료품점의 주인

1586
surgeon [sə́ːrdʒən]
외과의
súrgery 명 외과
súrgical 형 외과의

1587
peasant [péznt] (발음주의)
소작농

1588
minister [mínistər]
¹장관 ²목사
mínistry 명 (the M--) (영국·유럽의) 내각, (M--) 정부의 부, 성

1589
candidate [kǽndədeit]
¹후보자 ²지원자

1590
colleague [kɑ́liːg] (액센트주의)
동료

1591
pedestrian [pədéstriən]
보행자
pedestrian crossing 횡단보도

1592
emigrant [émigrənt]
(타국에의) 이민
émigrate 동 (타국에) 이주하다
emigrátion 명 (타국에의) 이주

1593
immigrant [ímigrənt]
(타국으로부터의) 이민
ímmigrate 동 (타국으로부터) 이주하여 오다
immigrátion 명 (타국으로부터의) 이주

1594
posterity [pɑstérəti]
1(집합적으로 쓰여) 후세 2자손

1595
offspring [ɔ́(:)fspriŋ]
1자손 2결과

1596
opponent [əpóunənt]
1(경기·토론 등의) 상대 2적대자

1597
foe [fóu]
적 (= enemy)

1598
cosmos [kɑ́zməs]
발음주의
1우주 2질서
cósmic 형 우주의

1599
satellite [sǽtəlait]
액센트주의
위성
artificial satellite 인공위성

1600
molecule [mɑ́ləkju:l]
1분자 2입자
molécular 형 분자의
molecular biology 분자생물학

1601
□ **fragment**
[frǽgmənt]

파편, 부서진 조각

1602
□ **oxygen**
[ɑ́ksidʒən]

산소

1603
□ **hydrogen**
[háidrədʒən]

수소

1604
□ **mineral**
[mínərəl]

광물

형 광물을 포함한

1605
□ **fluid**
[flúːid]

유동체 (액체(liquid)와 기체(gas)의 총칭)

형 유동성의
fluídity 명 유동성

1606
□ **flame**
[fléim]

[1]화염 [2]격정

동 불길을 뿜다, (정열이) 타오르다
flámmable 형 가연성의

1607
□ **Antarctic**
[æntɑ́ːrktik]

(the – 로) 남극지방

형 남극의
Árctic 명 북극지방 형 북극의

1608
□ **wildlife**
[wáildlaif]

야생동물

wíld 형 [1]야생의 [2]거친
wílderness 명 황야

1609
□ **prey**
[préi]

먹이, 희생

동 포식하다, 먹이로 하다

1610
□ **drought** [dráut] (발음주의) 가뭄, 한발

1611
□ **organ** [ɔ́ːrgən] 1(신체의) 기관 2(정치적인) 기관 3오르간

1612
□ **organism** [ɔ́ːrgənizm] 1유기체 2생물 3조직체
organic 형 유기체의

1613
□ **nutrition** [n(j)uːtríʃən] 영양, 자양물
nutritious 형 영양분이 풍부한

1614
□ **pulse** [pʌ́ls] 맥박
take[feel] A's pulse A의 맥을 짚다

1615
□ **chill** [tʃíl] 1냉기 2한기 3냉담
chilly 형 1추운 2냉담한

1616
□ **plague** [pléig] 1전염병 2재난

1617
□ **symptom** [símptəm] 징후

1618
□ **virus** [váiərəs] (발음주의) 바이러스

1619
□ **germ** [dʒə́ːrm] 세균

1620
□ **friction** [fríkʃən]
[1]마찰 [2]알력 [3]조직체

trade friction 무역마찰

1621
□ **frost** [frɔ́(:)st]
[1]서리 [2]냉담함

frósty 형 [1]서리가 내릴 정도로 추운 [2]냉담한

1622
□ **vapor** [véipər]
증기

eváporate 동 증발시키다, 증발하다
váporize 동 증발시키다, 증발하다

1623
□ **stain** [stéin]
얼룩, 때

stáinless 형 [1]얼룩이 없는 [2](금속이) 녹슬지 않은

1624
□ **grain** [gréin]
[1]곡물 [2]소량

a grain of A 소량의 A

1625
□ **stuff** [stʌ́f]
[1]재료 [2]물건

동 채워 넣다

sweet stuff 단 것 (과자류)
cf) staff 직원 (철자 주의)

1626
□ **substance** [sʌ́bstəns]
[1]물질 [2]알맹이

substántial 형 [1]상당한 [2]내용이 있는 [3]실재하는

1627
□ **pile** [páil]
쌓아 올린 더미, 산더미

동 (산처럼) 쌓아 올리다, (돈·물건 등을) 축적하다, 모으다

1628
□ **administration** [ædminəstréiʃən]
[1]행정 [2]운영

admínister 동 관리하다
administrative 형 [1]행정의 [2]운영상의

1629
□ **republic** [ripʌ́blik]
공화국
repúblican 형 공화국의, 공화주의의 명 공화주의자

1630
□ **pension** [pénʃən]
연금
pénsioner 명 연금수급자

1631
□ **oppression** [əpréʃən]
압박, 압박감
oppréss 동 [1]압박하다 [2]기분을 무겁게 만들다
oppréssive 형 [1]억압적인 [2]중압감을 주는

1632
□ **stock** [sták]
[1]재고품 [2]저축 [3]주식
out of stock 재고가 바닥이 나다

1633
□ **sanction** [sǽŋkʃən]
[1](법령·규칙 위반에 대한) 제재 [2]인가, 허용

1634
□ **ritual** [rítʃuəl]
의식 (= rite)

1635
□ **monopoly** [mənɑ́pəli]
독점, 전매(권)
monópolize 동 독점하다

1636
□ **institution** [instətjúːʃən]
[1]제도 [2]시설, 공공기관
ínstitute 동 설립하다 명 연구소

1637
□ **innovation** [inouvéiʃən]
[1]혁신, 쇄신 [2]새 제도
technical innovation 기술혁신

1638
□ **hierarchy**
[háiərɑːrki]

계급제도

hierárchical 형 계급제도의

1639
□ **deposit**
[dipάzit]

¹예금 ²(pl.) 예금액, 보증금

동 ¹예금하다, 맡기다 ²두다

1640
□ **finance**
[finǽns]
└ 액센트주의

¹재정 ²재원

동 융자하다
fináncial 형 재정상의

1641
□ **convention**
[kənvénʃən]

¹집회, 전통 ²회의

convéntional 형 ¹관례적인 ²회의의

1642
□ **contract**
[kάntrækt]

계약

동 ¹[kantrǽkt] 계약하다 ²축소시키다, 수축하다
contráction 명 수축

1643
□ **consensus**
[kənsénsəs]

(의견의) 일치

1644
□ **colony**
[kάləni]

식민지

cólonize 동 식민화 하다

[참고] the Colonies 미국 독립 당시 미합중국을 형성한 동부 13개의 영국 식민지를 가리킴.

1645
□ **budget**
[bʌ́dʒit]

예산, 경비

1646
□ **agent**
[éidʒənt]

¹대리인[점] ²행위자

ágency 명 ¹대리점 ²작용

1647
□ **guarantee**
[gæ̀rəntíː]
└ 액센트주의

¹보증, 보증하는 물건 ²보증인

동 보증하다

1648
□ **controversy**
[kɑ́ntrəvəːrsi]

논쟁

controvérsial 형 ¹논쟁의 여지가 있는 ²토론을 즐겨하는

1649
□ **adversity**
[ædvə́ːrsəti]

¹불운 ²역경

advérse 형 ¹불리한 ²반대의
advérsely 부 거꾸로

1650
□ **boundary**
[báundəri]

경계

1651
□ **riot**
[ráiət]

폭동

동 폭동을 일으키다

1652
□ **outbreak**
[áutbreik]

(나쁜 일의) 돌발, 발생

1653
□ **mess**
[més]

혼란, 어질러놓은 상태

형 어지럽게 하는

1654
□ **fuss**
[fʌ́s]

큰 소동

fússy 형 (하찮은 일로) 소란 떠는, (복장 등을) 지나치게 꾸미는

make a fuss 야단법석을 떨다
by fussy [particular] about A A로 시끄러운, 야단법석인

ex) She is fussy about what she wears.
(그녀는 입는 것을 지나치게 꾸며댄다.)

1655
□ **breakdown** [bréikdaun]
[1]고장 [2](정신적·육체적인) 쇠약 [3](교섭 등의) 결렬
nervous breakdown 신경쇠약

1656
□ **collapse** [kəlǽps]
[1]붕괴 [2]쇠약 [3]좌절
동 [1]붕괴하다 [2]쇠약해지다 [3]좌절되다, 실패하다

1657
□ **heritage** [héritidʒ]
유산
héritable 형 유전성의, 받아 인계할 수 있는

1658
□ **estate** [istéit]
[1]재산 [2](대저택이 있는) 사유지
real estate 부동산

1659
□ **circulation** [səːrkjuléiʃən]
[1]순환 [2]유통 [3]발행부수
círcuit 명 [1]회로 [2]정기적 순회 [3]원주
círculate 동 순환하다, 순환시키다
círcular 형 [1]순환적인 [2]원형의

1660
□ **anarchy** [ǽnərki]
무질서
ánarchism 명 무정부주의
ánarchist 명 무정부주의자

1661
□ **chaos** [kéiɑs]
└ 발음주의
혼란, 혼돈
chaótic 형 혼돈한

1662
□ **catastrophe** [kətǽstrəfi]
└ 액센트주의
참사, 파국
catastróphic 형 파멸적인, 비극적인

1663
□ **tact** [tǽkt]
재치, 기지, 약삭빠름
táctful 형 재치가 있는, 약삭빠른

1664
□ **transaction** [trænsǽkʃən]
(업무의) 처리, 거래
transáct 동 처리하다

1665
□ **vogue** [vóug]
유행 (= fashion, trend)

1666
□ **menace** [ménəs] (발음주의)
위협, 협박, 으름장
동 위협하다

1667
□ **hazard** [hǽzərd]
위험
házardous 형 위험한

1668
□ **emergency** [imə́:rdʒənsi]
비상사태
emérgent 형 긴급의

1669
□ **counterpart** [káuntərpɑ:rt]
[1]대응하는 것, 한 쌍의 한쪽 [2](연극의 주역에 대한) 상대역

ex) Service in Korea is not as good as its counterpart in America.
(한국의 서비스는 미국의 서비스보다 좋지 못하다.)
이 문장에서 service in Korea의 counterpart에 해당되는 것은 '미국의 서비스'

1670
□ **output** [áutput]
[1]생산고 [2](컴퓨터 등의) 출력

1671
□ **surplus** [sə́:rplʌs]
잉여, 과잉
형 여분의

1672
□ **bent** [bént]
기호, 경향
형 [1]구부러진, 열심인 [2]힘을 쏟고 있는

be bent on A A를 하려고 결심하다 [마음 먹고 있다]

1673
greed [gríːd]
탐욕
gréedy 형 탐욕의

1674
sin [sín]
(종교·도덕상의) 죄
동 죄를 범하다

1675
bias [báiəs]
편견
동 편견을 갖게 하다
bíased 형 편견을 지닌

1676
contempt [kəntémpt]
경멸
contémptible 형 경멸할 만한
contémptuous 형 경멸적인, 모욕적인

1677
vanity [vǽnəti]
허영심, 자만심

1678
rage [réidʒ]
격노
동 1격하게 노하다 2(태풍 등이) 거세지다

1679
fury [fjúəri]
1격한 노여움 2(폭풍우 등의) 격하게 휘몰아침
fúrious 형 노하여 펄펄 뛰는, 사납게 날뛰는

1680
curse [kə́ːrs]
1저주 2저주의 말, 악담 3천벌, 재앙
동 1저주하다 2악담하다

1681
bully [búli]
1따돌림 당하는 아이 2(남을) 따돌리는 아이
동 남을 따돌리다

1682
conceit [kənsíːt]
자만
concéited 형 자만한

1683
□ **illusion**
[il(j)úːʒən]

[1]착각 [2]환각, 환영

illúsory 형 착각을 일으키게 하는, 실체가 없는

1684
□ **fantasy**
[fǽntəsi]

환상, 공상

fantástic 형 [1]훌륭한, 멋진 [2]색다른, 기상천외의 [3]공상적인

1685
□ **creed**
[kríːd]

신조

1686
□ **conscience**
[kɑ́nʃəns]
발음주의

양심

consciéntious 형 양심적인

cf) consciousness 의식

1687
□ **zeal**
[zíːl]

열의

zéalous 형 열심인

1688
□ **temperament**
[témpərəmənt]

기질

1689
□ **dignity**
[dígnəti]

[1]위엄 [2]기품

dígnify 동 위엄을 주다
dígnified 형 위엄이 있는

1690
□ **nightmare**
[náitmɛər]

악몽, (악몽과 같은) 무서운 체험

1691
□ **snobbery**
[snɑ́bəri]

속물 근성, 신사인 체함

snób 명 지위·재산 등을 숭배하는 사람, 학자인 체 하는 사람
snóbbish 형 속물근성의, 신사인 체하는

1692
☐ **perspective** [pəːrspéktiv]
¹관점, 전망 ²원근법

1693
☐ **statistics** [stéitistiks]
└ 액센트주의
통계(학)
statístical 형 통계적인

1694
☐ **sociology** [sousiάlədʒi]
사회학
sociológical 형 사회학(상)의

1695
☐ **psychology** [saikάlədʒi]
심리학
psychólogist 명 심리학자
psychoanálysis 명 정신분석(학)
psychológical 형 심리(학)적인

1696
☐ **geometry** [dʒiάmətri]
기하학
geométric(al) 기하학의

1697
☐ **ethics** [éθiks]
¹윤리학 ²도덕
éthical 형 ¹윤리의 ²도덕적인

1698
☐ **ecology** [iːkάlədʒi]
¹생태학 ²자연환경
ecólogist 명 자연환경 보호론자
ecológical 형 생태의, 생태학의

ecological system 생태학
ecological balance 생태계의 균형

1699
☐ **botany** [bάtəni]
식물학
bótanist 명 식물학자
botánical 형 식물학의

1700
☐ **biology** [baiάlədʒi]
└ 액센트주의
생물학
biológical 형 생물학의

1701
□ **astronomy** [əstrɑ́nəmi] (액센트주의)

천문학

astrónomer 명 천문학자
ástronaut 명 우주비행사
astrónomical 형 천문(학)의

1702
□ **anthropology** [ænθrəpɑ́lədʒi]

인류학

anthropólogist 명 인류학자

1703
□ **dialogue** [dáiəlɔ(:)g]

대화

cf) monologue 독백, 1인 연극

1704
□ **sermon** [sə́:rmən]

설교

1705
□ **saying** [séiiŋ]

속담 (= proverb)

1706
□ **fable** [féibəl]

우화

tale 이야기, 설화 **myth** 신화
novel 소설 **anecdote** 일화, 비화
legend 전설

1707
□ **verse** [və́:rs]

운문, 시구, 시의 한 줄

1708
□ **thesis** [θí:sis]

(학위취득을 위한) 논문

1709
□ **portion** [pɔ́:rʃən]

1 일부 2 몫

1710
□ **fraction** [frǽkʃən]

1 단편 2 일부 3 (수학에서의) 분수

decimal fraction 소수

1711
multitude [mʌ́ltit(j)uːd]
[1]다수 [2](the -s 로) 군중

1712
digit [dídʒit]
[1]손가락의 폭 (약 3/4 인치) [2]아라비아 숫자
dígital 형 숫자에 의한, 디지털의

1713
fortnight [fɔ́ːrtnait]
2주간, 14일간
[참고] fourteen night가 단축된 단어

1714
incentive [inséntiv]
자극, 동기

1715
diameter [daiǽmitər]
└ 액센트주의
직경
cf) radius 반경

1716
odds [ɑ́dz]
[1](우열 등의) 차 [2]가능성
The odds are that B 아마도 ~ 일 것이다

1717
architecture [ɑ́ːrkitektʃər]
└ 액센트주의
[1]건축학 [2]건축물
árchitect 명 건축가

1718
miniature [míniətʃər]
소형 모형, (영화·TV 촬영용) 미니세트
형 소형의

1719
outlet [áutlet]
[1]출구 [2](감정 등의) 배출구, 표현수단 [3]직판장, 아울렛

1720
nursery [nə́ːrsəri]
육아실, 탁아소, 보육원
nursery rhyme 동요

1721
chore [tʃɔ́ːr]
일상의 잡된 일, 일과

1722
jail [dʒéil]
형무소, 유치장

1723
barn [bɑ́ːrn]
헛간, 물건 두는 곳

1724
apparatus [æpəréitəs]
장치, 기구

1725
locomotive [loukəmóutiv]
(철도) 기관차

1726
craft [krǽft]
기술, 솜씨
cráftsman 명 장인, 기능공

1727
queue [kjú(ː)] └ 발음주의
[1](사람·차 등의) 열, 줄 [2](컴퓨터의) 대기 행렬

1728
fee [fíː]
(의사·변호사·대학 수업 등 전문적인 서비스에 대한) 사례, 요금

1729
roll [róul]
[1]명부, 목록 [2](종이) 두루마리
call the roll 출석을 부르다

1730
analogy [ənǽlədʒi]
[1]유추 [2]유사

1731
□ **antiquity**
[æntíkwəti]

[1]고대, 먼 옛날 [2](-ties) 고대 유물[미술품]

antíque 형 [1]고풍의 [2]골동의 명 골동품

1732
□ **consequence**
[kɑ́nsikwens]
└ 액센트주의

[1]결과 [2]중요성

cónsequent 형 결과로서 일어나는
cónsequently 부 그 결과로서, 따라서

in consequence 그 결과로서
(= as a consequence)
of no consequence 중요하지 않은

1733
□ **transition**
[trænzíʃən]

추이, 옮겨 변하는 것

transítional 형 과도적인

1734
□ **trifle**
[tráifl]

[1]하찮은 것 [2]소량

trífling 형 [1]하찮은 [2]근소한

1735
□ **expedition**
[ekspədíʃən]

[1]탐험 [2]탐험대

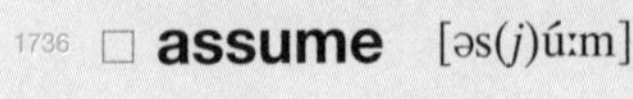

1736 □ **assume** [əs(j)úːm]

1. She assumed that everyone would be for the plan.
2. He assumed the leadership of the political party.
3. He assumed an aggressive attitude toward me.

assúmption

1737 □ **attend** [əténd]

1. The top leaders of seven countries attended the meeting.
2. In this hospital each nurse attends five patients.
3. You should attend more to what your teacher says.

① atténdance ② atténdant ③ atténtion ④ atténtive

1738 □ **attribute** 동 [ətríbjuːt] 명 [ǽtrəbjuːt]

1. They attributed the low death rate of infants to the progress of medicine.
2. This painting is attributed to Picaso.
3. He had all the attributes of a leader.

attribútion

동 [1]상정하다 [2](역할 등을) 인수하다
[3]태도를 취하다, (성질·양상 등을) 띠다

1. 그녀는 모두가 그 계획에 찬성할 것이라고 생각했다.
2. 그는 그 정당의 지도권을 장악했다.
3. 그는 나에게 공격적인 태도를 취했다.

명 [1]상정, 가정, 전제 [2](권력·태도 등을) 취하는 것

동 [1]출석하다, (학교에) 다니다 [2]돌보다, 간호하다 [3]유의[주의]하다

1. 7개국의 수뇌가 그 회의에 출석했다.
2. 이 병원에서는 각 간호사가 5명의 환자 간호를 담당하고 있다.
3. 너는 선생님이 말씀하는 것에 더욱 주의를 기울여야 한다.

① 명 출석(자), 시중 ② 명 출석자, 시중드는 사람
③ 명 주의 ④ 형 주의깊은

동 [1]~의 탓으로 하다 [2]~의 덕분으로 돌리다, ~에 기인한다고 생각하다, (작품 따위를) ~의 작품으로 간주하다 명 [3]속성, 성질

1. 그들은 낮은 유아 사망률은 의학의 발전에 기인한다고 생각했다.
2. 이 그림은 피카소의 작품이라고 여겨지고 있다.
3. 그는 지도자의 자질을 모두 갖추고 있다.

명 [1]귀착시킴, 귀속 [2](사람·사물의) 속성

1739 □ **bear** [bέər]

1. This tree bears good peaches every year.
2. I can't bear living in this apartment any longer.
3. The document bore his signature.

1740 □ **betray** [bitréi]

▸ He betrayed her secret to his friends.

betráyal

1741 □ **catch** [kǽtʃ]

1. He failed to catch the 8:30 train.
2. I rarely catch a cold.
3. The teacher caught a student cheating in the exam.

① be caught in A ② catch up (with) A

1742 □ **charge** [tʃάːrdʒ]

1. How much would you charge to repair this stereo?
2. The police charged him with speeding.
3. A new teacher's going to take charge of this class.

동 [1]낳다, (꽃·열매를) 맺다 [2]~에 견디다, 참다
[3](날짜·서명의) 기재가 있다

1. 이 나무에는 매년 맛있는 복숭아가 생산된다.
2. 나는 이 아파트에서 사는 것을 더 이상 참을 수가 없다.
3. 서류에는 그의 서명이 기재되어 있다.

동 (비밀 등을) 누설하다 (동 배신하다)

▶ 그는 그녀의 비밀을 그의 친구들에게 누설하였다.

명 배신, 폭로

동 [1](열차 등에) 시간 맞추어 대다 [2](병에) 감염되다, 걸리다
[3]~하고 있는 것을 발견하다 (동 잡다, 포획하다)

1. 그는 8시30분 기차에 타지 못했다.
2. 나는 거의 감기에 걸리지 않는다.
3. 그 선생님은 시험에서 부정행위(컨닝)를 하고 있던 학생을 발견했다.

① 숙 A(비 등)를 만나다, 조우하다 ② 숙 A를 따라잡다

동 [1](금액을) 청구하다 [2]비난하다, 고발하다
명 [3]돌봄, 보호 (명 요금, 비난, 고발)

1. 이 스테레오의 수리에 얼마가 듭니까?
2. 경찰은 그를 속도 위반으로 고발했다.
3. 새로운 선생님이 이 학급을 맡을 예정이다.

1743 ☐ **cross** [krɔ́(:)s]

1. He crossed her old telephone number off.
2. She is very cross with him.

1744 ☐ **dead** [déd]

1. When the fire broke out, he was dead asleep.
2. The taxi stopped dead at the traffic signal.

① déath ② déadly

1745 ☐ **drive** [dráiv]

1. I'll drive you home.
2. That noise is almost driving me mad.
3. Hunger is perhaps the strongest of all human drives

1746 ☐ **fail** [féil]

1. He failed to come on time.
2. His eyesight is failing.
3. My memory failed me. I just couldn't remember his name.

① fáilure ② without fail

동 [1]선을 그어서 지우다 형 [2]노한
(동 횡단하다, ~와 교차하다 명 십자가, 고난)

1. 그는 그녀의 옛 전화번호를 선을 그어서 말소했다.
2. 그녀는 그에게 매우 화내고 있다.

부 [1]전적으로 [2]돌연 (형 죽은, 전적인)

1. 화재가 발생했을 때 그는 완전히 잠들어 있었다.
2. 그 택시는 신호에서 급정차했다.

① 명 죽음 ② 형 치명적인, 견딜 수 없는, 죽은 듯한 부 몹시, 지독하게

동 [1](사람을) 차에 태우고 가다 [2]~의 상태로 몰아내다
명 [3]충동, 본능적 욕구 (동 운전하다 명 드라이브)

1. 집까지 차로 모셔다 드리겠습니다.
2. 저 소음에 거의 미칠 지경이다.
3. 모든 인간에게는 배고픔이 가장 강력한 본능적 욕구일 것이다.

동 [1]태만하게 하다 [2](체력 등이) 쇠약해지다 [3]도움이 되지 않다
(동 실패하다 명 실패)

1. 그는 정각에 오지 않았다.
2. 그의 시력은 쇠약해지고 있다.
3. 나의 기억력은 도움이 되지 않았다. 그의 이름이 아무리 해도 생각나지 않았기 때문이다.

① 명 실패, 낙제(자), (건강 등의) 쇠약 ② 숙 반드시

1747 □ **feature** [fíːtʃər]

1. The use of bright colors is one of the **features** of his paintings.
2. Her eyes are her best **feature**

1748 □ **fine** [fáin]

1. This knife has a **fine** edge and cuts well.
2. She was looking at the **fine** snow falling on the lake.
3. They **fined** him 50,000 won for illegal parking.

1749 □ **fire** [fáiər]

1. I'll have to **fire** you if you come late so often.
2. The soldier refused to **fire** his rifle at the enemy.

1750 □ **fix** [fíks]

1. You can't **fix** it. You should buy a new one.
2. She **fixed** us a snack.
3. We **fixed** the date for our class reunion.

fíxed

명 ¹특징 ²용모 (동 ~의 특징이 되다)

1. 밝은 색채 사용이 그의 그림 특성 중 하나이다.
2. 그녀는 눈이 가장 아름답다.

형 ¹날카로운, 예리한 ²미세한, 가느다란 동 ³벌금을 부과하다
(형 훌륭한, 개인, 원기 왕성한 명 벌금)

1. 이 칼은 날이 예리해서 잘 자른다.
2. 그녀는 미세한 눈이 호수 표면에 내리는 것을 바라보고 있었다.
3. 그들은 그에게 주차위반으로 5만원의 벌금을 부과하였다.

동 ¹(노동자를) 해고하다 ²(총 등을) 발사하다 (명 불, 화재, 사격)

1. 그렇게 빈번히 지각한다면 나는 당신을 해고해야 할 것이다.
2. 그 군인은 적을 향해 총을 발사하는 것을 거부하였다.

동 ¹수리하다 ²(식사 등을) 준비하다 ³(일시·장소 등을) 결정하다
(동 고정하다)

1. 그것은 고칠 수 없어요. 새 것을 사야겠어요.
2. 그녀는 우리들에게 가벼운 식사를 준비해 주었다.
3. 우리는 동창회 날짜를 결정했다.

형 고정한, 정한

1751 □ **gather** [gǽðər]

1. I gathered from her words that she liked him.
2. The train I was on gathered speed.

1752 □ **hold** [hóuld]

1. This bus can hold fifty people.
2. We're going to hold a farewell party for him.
3. Plato held that the soul is immortal.
4. I hope the weather will hold until Sunday.

1753 □ **issue** [íʃu:]

1. Three new stamps were issued last month.
2. The real issue is how to prevent the disease.

1754 □ **last** [lǽst]

1. He is the last person I want to see now.
2. The snow lasted for two days.
3. That amount of food will last them for a week.

① lásting ② lástly

동 [1]추측[추정]하다 [2](속도 등을) 증가하다 (동 모으다)

1. 나는 그녀의 말에서 그녀가 그를 좋아하고 있다고 생각하였다.
2. 내가 탄 열차가 속도를 올렸다.

동 [1](장소 등이) 수용하다 [2]개최하다 [3](생각 등을) 품다 [4]지속하다 (동 가지다 명 파악)

1. 이 버스는 50인승이다.
2. 우리들은 그를 위한 송별회를 개최할 예정이다.
3. 영혼은 불멸이라고 플라톤은 생각했다.
4. 이 날씨가 일요일까지 계속되었으면 좋겠다.

동 [1]발행하다, (명령 등을) 내리다 명 [2]논쟁점
(명 발행, 출판물)

1. 지난 달에 새로운 우표 3장이 발행되었다.
2. 실제 쟁점은 그 질병의 예방법에 있다.

동 [1]가장 ~하는 것 같지 않다 [2]계속하다 [3]견디게 하다
(형 최후의 명 최후의 사람 [물건])

1. 그는 지금 내가 가장 만나고 싶지 않은 사람이다.
2. 그 눈은 2일간 계속되었다.
3. 그만한 식품이 있으면 그들은 1주일 동안 견딜 수 있을 것이다.

① 형 영속적인 ② 부 최후에

1755 □ leave [líːv]

1. I left your umbrella in the bus.
2. She doesn't like to leave anything unfinished.
3. Leave it to me to prepare lunch.
4. She took two weeks' leave and visited China.

① leave out A/leave A out ② take (~'s) leave of A

1756 □ long [lɔ́ːŋ]

▸ We were longing for peace.

① léngth ② no longer ③ as[so] long as ④ for long

1757 □ maintain [meintéin]

▸ He maintained that all occupations should be open to women.

máintenance

1758 □ matter [mǽtər]

1. It doesn't matter which team wins the game.
2. Matter changes its form according to temperature.

동 [1]뒤에 남기다, 놓고 가다 [2]내버려 두다 [3]맡기다 명 [4]휴가
(동 떠나다, 남기다 명 허가)

1. 나는 네 우산을 버스에 놓고 내렸다.
2. 그녀는 무엇이든 끝마치지 않은 채 남겨두는걸 꺼려한다.
3. 점심 준비는 나에게 맡겨 다오.
4. 그녀는 2주간의 휴가를 받고 중국을 방문했다.

① 숙 A를 생략하다 ② 숙 A에게 작별 인사를 하다

동 열망하다 (형 긴 부 길게 명 긴 기간)

▶ 우리는 평화를 열망하고 있었다.

① 명 길이 ② 숙 이미 ~가 아니다
③ 숙 ~ 하는 한, ~ 하기만 하면 ④ 숙 장시간

동 주장하다 (동 유지하다, (가족 등을) 부양하다)

▶ 그는 여성에게 모든 직업이 열려 있어야 한다고 주장했다.

명 배신, 폭로

명 [1]유지, 부양, (건물 등의) 관리 동 [2]중요하다 명 [3]물질
(명 문제, 곤란한 일)

1. 어떤 팀이 그 시합에 이기든 중요하지 않다.
2. 물질은 습도에 따라 모양이 변한다.

1759 □ **move** [mú:v]

1. The movie moved her to tears.
2. He moved to Seoul last month.
3. The government made no move to solve the housing problem.

① móvement ② móving

1760 □ **notice** [nóutis]

1. I noticed that she sat in the front row.
2. No workers can be dismissed without previous notice
3. The notice says, "Danger! 10,000 VOLTS."

nóticeable

1761 □ **object** 명 [ɑ́bdʒikt] 동 [əbdʒékt]

1. I found a strange object lying on the road.
2. Dark is an object of fear to many children.
3. They all objected to his proposal.

① objéction ② objéctive ③ objectívity

1762 □ **observe** [əbzə́:rv]

1. He observed that we would probably have rain.

동 [1]감동시키다 [2]이사하다 명 [3]수단, 처치
(동 움직이게 하다, 움직이다 명 움직임, 이동)

1. 그 영화를 보고 그녀는 감동한 나머지 눈물을 흘렸다.
2. 그는 지난 달에 서울로 이사했다.
3. 정부는 주택문제를 해결하기 위하여 어떤 수단도 취하지 않았다.

① 명 운동, 이동 ② 형 감동적인

동 [1]알아차리다, 주목하다 명 [2]통지 [3]게시 (명 주목)

1. 나는 그녀가 앞줄에 앉아 있는 것을 알아차렸다.
2. 어떤 노동자도 사전 통지 없이 해고될 수 없다.
3. 게시판에는 '위험! 1만 볼트!' 라고 쓰여 있다.

형 사람 눈을 끄는

명 [1]물체 [2]대상 동 [3]반대하다 (명 목적)

1. 나는 이상한 물체가 도로에 떨어져 있는 것을 발견했다.
2. 많은 어린이들에게 암흑은 두려움의 대상이다.
3. 그들은 모두 그의 제안에 반대했다.

① 명 반대 ② 형 객관적인 명 목표 ③ 명 객관성

동 [1]~라고 말하다 [2](법률 등을) 지키다 [3](축제일 등을) 축하하다
(동 관찰하다)

1. 그는 아마도 비가 올 것이라고 말했다.

2. You must observe the rules of the dormitory.
3. Do they observe Christmas Day in that country?

① observátion ② obsérvance ③ obsérvatory ④ obsérvant

1763 □ **part** [pá:rt]

1. I took his part in the discussion.
2. The flood parted them.

① pártly ② pártial ③ take part in A ④ part with A

1764 □ **plain** [pléin]

1. It is plain that he is wrong.
2. Will you explain it in plain English?
3. She wore a plain blue dress.
4. The rain in Spain falls mainly on the plain.

1765 □ **press** [prés]

1. He pressed me to stay a little longer.
2. There used to be no freedom of the press.

① préssure ② préssing ③ be pressed for A

2. 너희들은 기숙사의 규칙을 지켜야 한다.
3. 그 나라에서는 크리스마스를 축일로 지킵니까?

① 명 관찰 ② 명 준수 ③ 명 관측소, 천문대 ④ 형 관찰이 예리한

명 [1]편 동 [2]나누다, 갈라[떼어] 놓다 (명 부분, 역할)

1. 나는 토론에서 그의 편을 들었다.
2. 홍수가 그들을 갈라 놓았다.

① 부 일부분은, 어떤 정도는 ② 형 일부의, 불공평한
③ 숙 A에 참가하다 ④ 숙 A를 떼어 놓다

형 [1]명백한 [2]쉽게 알 수 있는 [3]절제한, 꾸밈새가 없는 명 평원

1. 그가 틀린 것은 명백하다.
2. 그것을 쉽게 알 수 있는 영어로 설명하여 주시겠습니까?
3. 그녀는 꾸밈새가 없는 파란 드레스를 입었다.
4. 스페인의 비는 주로 평원에 내린다.

동 [1]강요하다, 조르다 명 [2]신문, 출판 (동 밀다, 밀어 붙이다)

1. 그는 나에게 좀 더 있으라고 강하게 요구했다.
2. 옛날에는 출판의 자유 같은 것이 없었다.

① 명 압력, 압박, 고통 ② 형 긴급의, 절실한
③ 숙 A가 없어 쪼들리다, 몰리다

1766 □ **rear** [ríər]

1. The hijackers moved to the rear of the plane.
2. After her husband's death she reared four children by herself.

1767 □ **reflect** [riflékt]

▸ He reflected on how quickly time passes.

① refléction ② refléctive

1768 □ **sentence** [séntəns]

▸ The judge sentenced him to one year's imprisonment.

1769 □ **sharp** [ʃá:rp]

1. We climbed a sharp slope.
2. She has a sharp tongue.
3. Be here at five o'clock sharp
4. The bus stopped sharp.

shárpen

1770 □ **spare** [spέər]

명 ¹후부, 뒤 동 ²키우다

1. 비행기 납치범들은 비행기의 후부로 이동했다.
2. 남편의 사후 그녀는 4명의 아이들을 혼자서 키웠다.

동 숙고하다 (동 반사하다, 반영하다)

▸ 그는 세월이 얼마나 빨리 지나가는가 곰곰이 생각했다.

① 명 ¹반사 ²(거울 등의) 영상 ³숙고, 반성 ② 형 ¹반사하는 ²사려 깊은

동 판결을 선고하다, 형에 처하다 (명 문장, 판결)

▸ 판사는 그에게 금고 1년을 선고했다.

형 ¹(비탈 등이) 급한 ²(비평 등이) 날카로운, 신랄한
부 ³정각에 ⁴돌연, 갑자기 (형 예리한)

1. 우리는 가파른 고개를 올라갔다.
2. 그녀는 독설가다.
3. 5시 정각에 여기에 오세요.
4. 그 버스는 급정차 하였다.

동 뾰족하게 하다

동 ¹(시간 등을) 할애하다 ²(노력 등을) 아끼다 ³(고생 등을) 면하게 하다
형 ⁴여분의, 따로 떼어 놓은 (명 예비품)

1. Could you spare me a few minutes?
2. Spare the rod and spoil the child.
3. Washing machines spare housewives a lot of trouble.
4. We have no spare money.

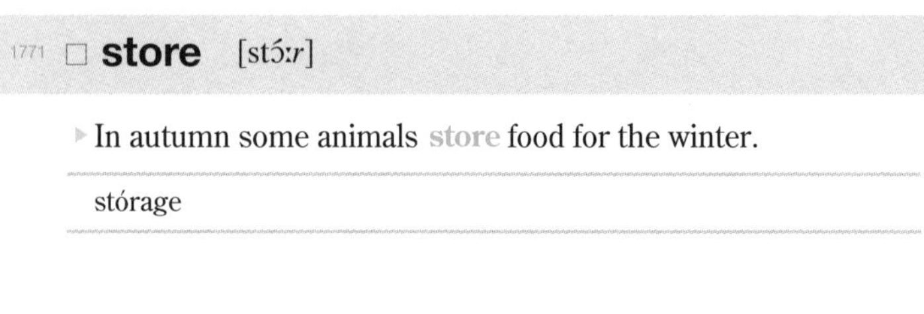

1771 □ **store** [stɔ́ːr]

▸ In autumn some animals store food for the winter.

stórage

1772 □ **story** [stɔ́ːri]

▸ The building is seven stories high.

1773 □ **strike** [stráik]

1. A good idea suddenly struck her.
2. His plan struck them as impractical.

stríkingly

1774 □ **subject** 명 형 [sʌ́bdʒikt] 동 [səbdʒékt]

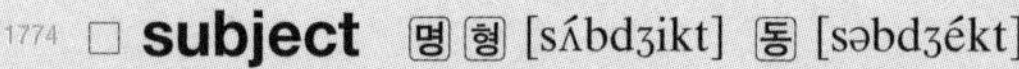

1. She changed the subject
2. He insists that animals shouldn't be the subjects of painful experiments.

1. 2,3분만 시간을 할애해 주실 수 있습니까?
2. 매를 아끼면 자식 망친다. (속담)
3. 세탁기 덕택에 주부들은 많은 수고를 덜게 되었다.
4. 우리는 돈의 여유가 없다.

동 저축하다 (명 가게, 저축)

▶ 겨울에 대비하여 식량을 비축하는 동물도 있다.

명 저장(소)

명 층, 층계 (명 이야기)

▶ 그 건물은 7층 건물이다.

동 [1]마음에 떠오르다 [2]인상을 주다
(동 때리다, 파업을 하다 명 파업)

1. 그녀의 머리에 갑자기 좋은 생각이 떠올랐다.
2. 그들에게 그의 계획은 실행 불가능하다고 생각되었다.

부 현저하게, 두드러지게

명 [1]화제 [2]실험대상 형 [3](영향을) 받기 쉬운 [4](싫은 일을) 당하는
(명 학과 동 복종시키다)

1. 그녀는 화제를 바꿨다.
2. 그는 고통을 주는 실험 대상에 동물을 사용해서는 안된다고 주장한다.

3. Japan is subject to earthquakes.
4. He was subjected to severe criticism.

subjéctive

1775 □ **touch** [tʌ́tʃ]

1. Her story touched my heart.
2. How about adding a touch of pepper?

1776 □ **wage** [wéidʒ]

▸ They are waging a campaign against AIDS.

1777 □ **wear** [wɛ́ər]

1. Hard use has worn this bag.
2. This cloth wears well.

1778 □ **yield** [jí:ld]

1. The fields yielded a good harvest.
2. We will never yield to force.

3. 일본은 지진이 일어나기 쉽다.
4. 그는 혹평을 받았다.

형 주관적인 (↔ objective)

동 [1]감동시키다 명 [2]소량 (동 접촉하다 명 접촉, 대기, 만지기)

1. 그녀의 이야기는 나를 감동시켰다.
2. 약간의 후춧가루를 넣는 것이 어떨까?

동 (전쟁이나 투쟁 등을) 행하다 (명 임금, 급료)

▶ 그들은 에이즈 박멸운동을 행하고 있다.

동 [1]해지다, 닳아 떨어지다 [2](물건이) 오래 지탱하다 (동 몸에 걸치다)

1. 이 가방은 거칠게 사용해 닳아버렸다.
2. 이 천은 오래 지탱한다.

동 산출하다, 생기다 [2]굴하다, 지다 (명 산출고, 수익)

1. 그 밭에서 좋은 수확이 있었다.
2. 우리는 힘에 굴하지 않을 것이다.

테스트 빈출 명사 ④

의식주

□□ **clothes**	[klóuz]	(집합적으로) 의복
□□ **clothing**	[klóuðiŋ]	(집합적으로) 의류품
□□ **garment**	[gɑ́ːrmənt]	의류 한 점
□□ **textile**	[tékstail]	직물, 천
□□ **synthetic fiber**	[sinθétik fáibər]	화학섬유
□□ **needle**	[níːdl]	바늘
□□ **umbrella**	[ʌmbrélə]	우산
□□ **glasses**	[glǽsiz]	안경
□□ **wallet**	[wɑ́lit]	지갑
□□ **purse**	[pə́ːrs]	돈지갑, 여자의 핸드백
□□ **comb**	[kóum]	빗
□□ **perfume**	[pə́ːrfjuːm]	향수
□□ **utensil**	[ju(ː)ténsl]	(가정용) 용구, 기구
□□ **scissors**	[sízərz]	가위
□□ **envelope**	[énvəloup]	봉투
□□ **encyclopedia**	[ensaikləpíːdiə]	백과사전
□□ **refrigerator**	[rifrídʒəreitər]	냉장고
□□ **flour**	[fláuər]	소맥분, 밀가루
□□ **salt**	[sɔ́ːlt]	소금
□□ **cupboard**	[kʌ́bərd]	식기 선반
□□ **cottage**	[kɑ́tidʒ]	시골집, 오두막집
□□ **stair**	[stέər]	(계단의) 한 층
□□ **staircase**	[stέərkeis]	(난간이 하나로 이어지는) 계단
□□ **ceiling**	[síːliŋ]	천장
□□ **basement**	[béismənt]	지하실
□□ **attic**	[ǽtik]	지붕 아래 (다락)방
□□ **study**	[stʌ́di]	서재, 공부방

Step 4

Goal Vocabulary 223

1779
- **astound** [əstáund]
  깜짝 놀라게 하다

1780
- **yearn** [jə́ːrn]
  동경하다, 그리워하다 (= long)
  yéarning 명 동경, 절망
  > **yearn for A** A를 동경하다, 그리워하다

1781
- **yell** [jél]
  큰 소리를 내다, 떠들다
  명 고함소리

1782
- **manifest** [mǽnəfest]
  명백히 하다, 분명히 보여주다
  형 명백한
  manifestátion 명 [1]명시, 나타냄 [2](정당의) 정책 표명
  > **manifest oneself** (징후 등이) 나타나다

1783
- **proclaim** [proukléim]
  선언하다
  proclamátion 명 선언, 공식발표

1784
- **advocate** [ǽdvəkeit] (액센트주의)
  주장하다
  명 [1](주의 등의) 주장자 [2]변호사

1785
- **infer** [infə́ːr]
  추론하다
  ínference 명 추론

1786
□ **deduce**
[didjúːs]

연역하다
indúce 동 귀납하다
dedúction 명 연역법
dedúctive 형 연역적인

> **deduction** 연역 (결론 또는 가설 → 개개의 사실의 옳고 그름을 가림)
> **induction** 귀납 (개개의 사실 또는 사례 → 결론 도출)

1787
□ **ponder**
[pándər]

깊히 생각하다, 숙고하다

1788
□ **obsess**
[əbsés]

(망상·귀신 등이) 달라붙다
obséssion 명 (망상 등이) 사로잡힘
obséssive 형 (~에게) 사로잡힌

> **be obsessed by[with] A** A에 사로잡혀 있다

1789
□ **preoccupy**
[priːákjupai]

[1]열중시키다 [2]앞서 점령하다
preoccupátion 명 [1]최대의 관심사 [2]선점, 선취

> **be preoccupied with A** A에 열중하다

1790
□ **emancipate**
[imǽnsəpeit]

(귀속·지배에서) 해방하다

1791
□ **anticipate**
[æntísəpeit]
액센트주의

예상하다
anticipátion 명 예상

1792
□ **confide**
[kənfáid]

[1]신뢰하다 [2](비밀 등을) 털어놓다
cónfidence 명 [1]신뢰 [2]자신

confide in A A를 신뢰하다

1793
□ **confirm** [kənfə́ːrm]
확인하다
동 영향을 끼치다
confirmátion 명 확인, 확정

1794
□ **bid** [bíd]
(인사 등을) 말하다, ~에게 명령하다

1795
□ **grumble** [grʌ́mbl]
불평을 말하다 (= complain)
명 불평

1796
□ **persecute** [pə́ːrsikjuːt]
1박해하다 2괴롭히다
persecútion 명 박해

1797
□ **coerce** [kouə́ːrs]
강제하다
coércion 명 강제
coércive 형 강제적인

1798
□ **ban** [bǽn]
(법적으로) 금지하다
명 금지

1799
□ **banish** [bǽniʃ]
추방하다

1800
□ **doom** [dúːm]
운명지우다
명 (무서운) 운명, 파멸

be doomed to do ~할 운명에 있다

1801
□ **terminate** [tə́ːrməneit]
끝마치다
términal 형 종착(역)의, 최후의
명 종착역, 시발역

1802
- **exterminate** [ikstə́ːrməneit]
  근절하다
  extermination 명 근절

1803
- **paralyze** [pǽrəlaiz]
  마비시키다
  parálysis 명 마비, 중풍

1804
- **addict** [ədíkt]
  열중시키다
  명 [ǽdikt] (마약 등의) 중독자
  addíction 명 [1]열중 [2](마약 등의) 상용
  > **addict oneself to A = be addicted to A**
  > A에게 열중하게 되다

1805
- **abstain** [æbstéin]
  절제하다, 끊다
  > **abstain from A** A를 절제하다

1806
- **prescribe** [priskráib]
  (약·치료 등을) 처방하다
  prescríption 명 처방(전)

1807
- **plead** [plíːd]
  [1]변명하다 [2]탄원하다
  pléa 명 [1]변명 [2]탄원

1808
- **mourn** [mɔ́ːrn]
  (사람의 죽음 등을) 슬퍼하다
  móurnful 형 슬픔에 빠진

1809
- **groan** [gróun]
  (절망 등으로) 신음소리를 내다
  명 신음소리

1810
- **frown** [fráun]
  └ 발음주의
  눈살을 찌푸리다
  명 찡그린 상 (= grimace)

1811
□ **torment**
[tɔːrmént]
몹시 괴롭히다
명 [tɔ́ːrment] 고통

1812
□ **rebel**
[rebél]
↑ 액센트주의
반란을 일으키다
명 [ríbel] 반역자
rebéllion 명 반란

1813
□ **contrive**
[kəntráiv]
[1]고안하다 [2]꾸미다

contrive to do 시도하다, 꾸미다, 어떻게든 ~ 하다
(= manage to do)

1814
□ **manipulate**
[mənípjuleit]
교묘하게 다루다, 잘 처리하다
manipulátion 명 조작, 조종

1815
□ **contradict**
[kɑntrədíkt]
모순되다
contradíction 명 모순
contradíctory 형 모순된

1816
□ **confound**
[kənfáund]
[1]곤혹스럽게 하다 [2]혼동하다

1817
□ **degrade**
[digréid]
[1]품위를 떨구다 [2]타락하다
degradátion 명 (품격 · 지위의) 저하

1818
□ **deteriorate**
[ditíəriəreit]
악화하다
deteriorátion 명 (품질 등의) 저하

1819
□ **leak**
[líːk]
새다, 새게 하다
명 새는 것, 새게 하는 것

news leak 정보를 누설 시키는 것

1820
- distort [distɔ́ːrt]
  (사실 등을) 왜곡시키다
  distórtion 명 (사실 등의) 왜곡

1821
- embark [embɑ́ːrk]
  1착수하다 2승선하다

1822
- drift [dríft]
  표류하다
  명 표류

1823
- presume [priz(j)úːm]
  추정하다, ~라고 생각하다
  presúmable 형 추정할 수 있는, 있음직한
  presúmably 부 아마, 추측컨대

1824
- execute [éksikjuːt]
  1실행하다 (= carry out) 2처형하다
  execútion 명 1실행 2처형

1825
- enforce [infɔ́ːrs]
  1(법률 등을) 시행하다 2강제하다

1826
- reinforce [riːinfɔ́ːrs]
  보강하다
  reinfórcement 명 보강

1827
- install [instɔ́ːl]
  (장치 등을) 설치하다
  installátion 명 1장치 2설치

1828
- accommodate [əkɑ́mədeit]
  (호텔·건물 등에) 숙박시키다, 수용하다
  accommodátion 명 숙박[수용] 설비

1829
- compile [kəmpáil]
  편집하다
  compilátion 명 편집

1830
☐ **counsel** [káunsəl]
충고하다
명 충고
cóunsel(l)ing 명 상담, 카운슬링

1831
☐ **denote** [dinóut]
의미하다
denotátion 명 명시적 의미
connotátion 명 언외(言外)의 뜻, 암시

1832
☐ **enhance** [enhǽns]
(가치 등을) 높이다

1833
☐ **summon** [sʌ́mən]
¹호출하다 ²(용기 등을) 불러 일으키다
summon up one's courage 용기를 불러 일으키다

1834
☐ **induce** [indjúːs]
설득하여 ~할 마음으로 만들다
induce A to do A를 설득하여 ~할 마음으로 만들다

1835
☐ **provoke** [prəvóuk]
¹화나게 하다 ²(감정 등을) 일으키다
provocátion 명 도발

1836
☐ **coincide** [kouinsáid]
액센트주의
¹일치하다 ²동시에 일어나다
cóincidence 명 ¹일치 ²동시발생

1837
☐ **interact** [intərǽkt]
상호에게 영향을 주다
interáction 명 상호작용

1838
☐ **intervene** [intərvíːn]
¹간섭하다, 중재하다 ²(2개의 시기 등) 사이에 끼다

intervéntion 명 중재, 개입

intervene in a dispute 분쟁 조정을 하다
the intervening years 그간의 세월

1839
□ **linger** [líŋgər]

¹꾸물거리다 ²(습관 등이) 좀처럼 없어지지 않다

1840
□ **blunder** [blʌ́ndər]

대실패하다
명 대실패

1841
□ **withhold** [wiðhóuld]

¹공제하다 ²보류하다

1842
□ **subdue** [səbd(j)úː]

¹정복하다 ²복종시키다
subdúed 형 밋밋한, 단조로운 (= modest)

1843
□ **bestow** [bistóu]

수여하다

bestow A on B A를 B에게 수여하다

1844
□ **exploit** [iksplɔ́it]

¹(자원 등을) 개발하다 ²착취하다
exploitátion 명 ¹개발 ²착취

1845
□ **soothe** [súːð]
└ 발음주의

¹달래다 ²(통증 등을) 완화시키다

1846
□ **embrace** [imbréis]

껴안다 (= hug)
명 포옹

1847
□ **nurture** [nə́ːrtʃər]

양육하다, 기르다
명 양육

1848
□ **commute** [kəmjúːt]
통근하다
commúter 명 통근자
commuter train 통근열차

1849
□ **lure** [lúər]
[1]유혹하다 [2]유인하다
명 [1]매력 [2]미끼

1850
□ **insure** [inʃúər]
보험을 계약하다
insúrance 명 보험

1851
□ **verify** [vérəfai]
입증하다, 확인하다
verificátion 명 입증

1852
□ **speculate** [spékjəleit]
[1]추측하다 [2]투기를 하다
speculátion 명 [1]추측 [2]투기

1853
□ **reckon** [rékən]
[1]계산하다 [2]간주하다, ~으로 치다

1854
□ **haunt** [hɔ́ːnt]
[1](생각 등이) 끊임없이 붙어 다니다
[2](유령이) 출몰하다 [3]자주 가다

1855
□ **heal** [híːl]
(상처 등을) 치유하다, 고치다

1856
□ **renounce** [rináuns]
(권리 등을) 포기하다 (= give up)
renunciátion 명 포기

1857
□ **reap** [ríːp]
수확하다, 베어 들이다

1858
hatch
[hǽtʃ]

부화시키다, 부화하다

ex) Don' t count your chickens before they are hatched.
(알에서 까기도 전에 병아리부터 세지 말아라.) (속담)

1859
glow
[glóu]

불타는 것 같이 반짝이다
명 백열, 빛

1860
carve
[káːrv]

새기다, 조각하다

1861
undo
[ʌndúː]

1(끈·편지 따위를) 풀다, 뜯다 2원상으로 되돌리다

ex) What' s done cannot be undone.
(해버린 일은 다시 원래대로 되돌아 올 수 없다.) (속담)

1862
convert
[kənvə́ːrt]

1변하다 2개종시키다
명 [kánvəːrt] 개종자
convérsion 명 1전환 2개종

1863
enlighten
[inláitn]

계몽하다, 교화하다

1864
subscribe
[sʌbskraíb]

1기부하다 (= contribute) 2예약 구독하다
subscríption 명 1기부 2예약 구독(료)

1865
inflict
[inflíkt]

(벌 등을) 주다
inflíction 명 (형벌 등을) 주는 것

inflict A on B B에게 A를 주다

1866
- **sneer** [sníər]
  냉소하다
  명 냉소

1867
- **detest** [ditést]
  몹시 싫어 하다

1868
- **revenge** [rivéndʒ]
  복수를 하다
  명 복수

1869
- **smother** [smʌ́ðər]
  [1]질식시키다 (= choke) [2]뭉개 없애다

1870
- **allot** [əlɑ́t]
  할당하다
  allot A B = allot B to A A에게 B를 할당하다

1871
- unanimous [juːnǽnəməs] (발음주의)
  전원 일치한, 같은 의견의
  unanímity 명 만장 일치

1872
- implicit [implísit]
  암묵의
  explícit 형 명확한

1873
- ambiguous [æmbígjuəs]
  애매한, (단어나 문장 등이) 2개 이상의 의미로 뜻하는
  ambigúity 명 다의성, 애매함

1874
- solemn [sάləm]
  [1]엄숙한 [2]거드름 피우는
  solémnity 명 [1]엄숙함 [2]진지함

1875
- serene [səríːn]
  (바다·하늘 등이) 온화한, 조용한
  serénity 명 [1]조용함 [2]평정

1876
- temperate [témpərit]
  [1]절도 있는 [2]온화한
  témperance 명 절제, 금주
  the Temperate Zones 온대

1877
- spontaneous [spɑntéiniəs]
  자발적인, 자연발생적인
  spontanéity 명 자발성

1878
- sophisticated [səfístəkeitid]
  [1]세련된 [2]교양이 있는

1879
□ **potent** [póutnt]

[1]힘이 강한 [2](약 등이) 잘 듣는

potential 가능성이 있는, 가능한
potentiality (pl.) 가능성, 잠재적인 것

1880
□ **legitimate** [lidʒítəmit]

정당한, 합법적인 (= lawful, legal)

illegítimate 형 위법의 (= illegal)
legislátion 명 입법
législator 명 입법자
législature 명 입법부
législative 형 입법상의

1881
□ **ingenious** [indʒíːnjəs]

[1]발명의 재능이 풍부한 [2]교묘한

ingenúity 명 [1]발명의 재능 [2]교묘함

1882
□ **formidable** [fɔ́ːrmidəbl]

[1]무서운 [2](일 같은 것이 어려워서) 만만치 않은

1883
□ **intricate** [íntrikət]
액센트주의

뒤얽힌, 복잡한 (= complex, complicated)

1884
□ **exquisite** [ikskwízit]

매우 아름다운, 훌륭한

1885
□ **amiable** [éimiəbl]
액센트주의

호감을 주는, 붙임성 있는

1886
□ **affirmative** [əfə́ːrmətiv]

긍정적인

명 긍정
affírm 동 단언하다

answer in the affirmative Yes라고 답하다
answer in the negative No라고 답하다

1887
☐ **meager** (질이나 양이) 빈약한
[míːgər]

1888
☐ **affluent** 풍요한, 부유한
[ǽfluənt]
액센트주의

1889
☐ **extravagant** 낭비하는, 사치스러운
[ikstrǽvəgənt]
액센트주의
extrávagance 명 낭비, 사치

1890
☐ **frugal** [1]검약적인 [2]절약하는
[frúːgəl]
frugálity 명 검약

1891
☐ **tranquil** [1]조용한, 평온한 [2]차분한
[trǽŋkwil]
tránquilize 동 (마음을) 진정시키다
tránquilizer 명 정신안정제

1892
☐ **proficient** 숙달한
[prəfíʃənt]
액센트주의
profíciency 명 숙련

1893
☐ **clumsy** [1](동작·태도 등이) 어색한 [2]서투르게 만든
[klʌ́mzi]

1894
☐ **eccentric** (성격·행동이) 상궤를 이탈한, (사람이) 이상한
[ikséntrik]
액센트주의

1895
☐ **fanatical** 광신적인
[fənǽtikəl]
액센트주의
fanátic 명 광신자
fanáticism 명 광신

1896
☐ **discreet** 사리분별이 있는
[diskríːt]

1897
□ **capricious** [kəpríʃəs]
변덕스러운
capríce 명 변덕 (= whim)

1898
□ **haughty** [hɔ́ːti]
거만한 (= arrogant)

1899
□ **impudent** [ímpjudnt]
경솔한
ímpudence 명 뻔뻔스러움

1900
□ **indignant** [indígnənt]
분개한
indignátion 명 분개

1901
□ **sullen** [sʌ́lən]
[1]시무룩한 [2](날씨 등이) 음산한

1902
□ **vulnerable** [vʌ́lnərəbl]
상처 받기 쉬운, 취약한
invúlnerable 형 상처를 입힐 수 없는
vulnerabílity 명 상처 받기 쉬움

1903
□ **skeptical** [sképtikəl]
회의적인 (= skeptical)
sképticism 명 회의적인 태도

1904
□ **shrewd** [ʃrúːd]
[1]빈틈이 없는 [2](통찰 등이) 예리한

1905
□ **obstinate** [ɑ́bstənit]
완고한 (= stubborn)
óbstinancy 명 완고함

1906
□ **vulgar** [vʌ́lgər]
품위가 낮은, 천한
vulgárity 명 야비, 상스러움

1907
- **nasty** [nǽsti]
  불쾌한

1908
- **subordinate** [səbɔ́ːrdənət]
  종속하고 있는
  명 종속자

1909
- **superfluous** [suːpə́rːfluəs] └ 액센트주의
  여분 있는, 넘쳐 흐를 정도의

1910
- **obsolete** [ɑbsəlíːt]
  [1]못쓰게 된 [2]구식의

1911
- **conspicuous** [kənspíkjuəs]
  눈에 띄는

1912
- **dreary** [dríəri]
  쓸쓸한

1913
- **sterile** [stéril]
  불임의, 어린이를 낳을 수 없는

1914
- **medieval** [miːdiíːvəl]
  중세의, 중세적인

1915
- **metaphysical** [metəfízikəl]
  형이상학적인, 극히 추상적인
  metaphýsics 명 형이상학

1916
- **perpetual** [pərpétʃuəl]
  [1]영구적인 [2]끊임없는
  perpétuate 동 영속시키다

1917
- **simultaneous** [saiməltéiniəs]
  동시의
  simultaneous interpretation 동시통역

Step 4 Goal Vocabulary 223 / 형용사편

1918
transient [trǽnʃənt]
일시적인, 잠시의

1919
subsequent [sʌ́bsikwənt]
(시간적으로) 뒤의, 그 뒤의

1920
inherent [inhíərənt]
타고난, 본래부터 있는

1921
coarse [kɔ́ːrs]
1조잡한 2올이 성긴 3천한, 상스러운

1922
crude [krúːd]
1천연 그대로의 2대충의

crude oil 원유

1923
immune [imjúːn]
1면역이 있는 2면한
immúnity 명 1면역 2면제

1924
epidemic [epədémik]
(병이) 유행성의
명 전염병

1925
feudal [fjúːdl]
봉건제의
féudalism 명 봉건제도

1926
despotic [dispɑ́tik]
전제적인
déspotism 명 전제정치

1927
arbitrary [ɑ́ːrbitreri]
1임의의 2독단적인

1928
innate [inéit]
날 때부터의 (= inborn, inherent)

1929
□ **ethnic** [éθnik]
민족의
ethnic minority group 소수민족집단

1930
□ **undue** [ʌndjú:]
[1]과도의 [2]부당한

1931
□ **transparent** [trænspέərənt]
[1]투명한 [2]빤히 들여다 보이는
transparent excuse 빤히 들여다 보이는 변명

테스트 빈출 명사 ⑤

원소, 광물, 자원, 환경, 도시 [1]

□□ **nitrogen**	[náitrədʒən]	질소
□□ **carbon**	[ká:rbən]	탄소
□□ **carbon dioxide**	[ká:rbən daiάksaid]	이산화탄소
□□ **metal**	[métl]	금속
□□ **iron**	[áiərn]	철
□□ **steel**	[stí:l]	강철
□□ **copper**	[kάpər]	동
□□ **brass**	[brǽs]	놋쇠, 황동
□□ **tin**	[tín]	주석
□□ **mercury**	[mə́:rkjuri]	수은
□□ **coal**	[kóul]	석탄
□□ **deforestation**	[di:fɔ(:)ristéiʃən]	삼림 벌채
□□ **acid rain**	[ǽsid rein]	산성비
□□ **radioactive contamination**	[reidiouǽktiv kəntæmənéiʃən]	방사능 오염

1932
- [ ] **gender** [dʒéndər]
  (사회적·문화적 측면으로부터 본) 성, 성의 차

1933
- [ ] **hypothesis** [haipɑ́θəsis]
  가설
  hypothétical 형 가설상의

1934
- [ ] **strategy** [strǽtədʒi]
  전략
  > **strategy** 대국적인 전략
  > **tactics** 개개의 전술

1935
- [ ] **synthesis** [sínθəsis]
  종합, 통합
  sýnthesize 동 통합하다
  synthétic 형 종합의, 합성의

1936
- [ ] **warrant** [wɔ́(:)rənt]
  권능, 권한, 보증
  동 보증하다

1937
- [ ] **caricature** [kǽrikətʃuər]
  풍자 만화, 만화화의
  > *cf)* **cartoon** (시사) 만화, 연재만화
  > **comic strip** (신문 · 잡지의) 4컷짜리 연재 만화

1938
- [ ] **satire** [sǽtaiər]
  (특히 사회제도·사회적 권위자 등에 대한) 풍자, 빈정댐

1939
□ **sovereign** [sάvərin]
주권자, 군주
형 주권을 가지는
sóvereignty 명 주권

1940
□ **census** [sénsəs]
국세조사

1941
□ **aristocracy** [ærəstάkrəsi]
└ 액센트주의
귀족정치
arístocrat 명 귀족

1942
□ **tyranny** [tírəni]
폭정, 압정
týrant 명 폭군, 독재자

1943
□ **torture** [tɔ́ːrtʃər]
[1]고문 [2]고통
동 [1]고문하다 [2]몹시 괴롭히다

1944
□ **assault** [əsɔ́ːlt]
공격, 폭행

1945
□ **retreat** [ritríːt]
퇴각, 후퇴
동 퇴각하다

1946
□ **compassion** [kəmpǽʃən]
연민, 동정
compássionate 형 연민의, 사려가 있는

1947
□ **antipathy** [æntípəθi]
반감

1948
□ **whim** [hwím]
문득 마음에 떠오르는 생각, 일시적 기분 (= caprice)

1949
- **apathy** [ǽpəθi]
  [1]무감동 [2]무관심

1950
- **agony** [ǽgəni]
  (심신의 격한) 고통, 몸부림

1951
- **apprehension** [æprihénʃən]
  [1]우려 [2]이해
  apprehénd 동 우려하다
  apprehénsive 형 걱정하고 있는
  cf) comprehension 이해(력)

1952
- **outrage** [áutreidʒ]
  [1](모욕 등에 대한) 분개, 격분 [2]폭력, 유린
  동 분개하게 하다

1953
- **malice** [mǽlis]
  악의, 적의
  malícious 형 악의가 있는

1954
- **hypocrisy** [hipάkrəsi]
  위선, 위선적 행위
  hýpocrite 명 위선자

1955
- **intuition** [intjuíʃən]
  직관
  intúitive 형 직관적인

1956
- **humility** [hjuːmíləti]
  겸손

1957
- **compliment** [kάmpləmənt]
  칭찬하는 말
  동 칭찬하다, 아첨을 하다

1958
- **delusion** [dilúːʒən]
  [1]망상, 착각 [2]속이는 것
  delúde 동 혼란시키다, 현혹시키다

1959
☐ **drudgery** 공이 드는 일, 힘든 일
[drʌ́dʒəri]

1960
☐ **feat** (눈부신) 위업, 공적
[fí:t]

1961
☐ **certificate** [1]증명서 [2]면허장
[sərtífːkət]
└ 액센트주의
cértify 동 문서로 증명하다
certificátion 명 증명(서)

1962
☐ **tuition** [1]수업 [2]수업료
[tju:íʃən]

1963
☐ **invalid** 병약자, 환자
[ínvəlid]
형 병약한

1964
☐ **hygiene** 위생, 위생법, 위생학
[háidʒi:n]
public hygiene 공중 위생(학)

1965
☐ **fabric** 직물
[fǽbrik]

1966
☐ **supplement** 보충, 부록
[sʌ́pləmənt]
suppleméntary 형 보충의

1967
☐ **specimen** 견본, 표본
[spésəmən]

1968
☐ **souvenir** [1]기념품 [2]선물
[sú:vəniər]
souvenir from Hawaii 하와이에서 온 선물[기념품]

1969
□ **ornament** [ɔ́ːrnəmənt]
장식품, 장식, 치장

1970
□ **layman** [léimən]
[1](전문가에 대한) 비전문가, 문외한 [2](성직자에 대한) 평신도

1971
□ **irrigation** [irəgéiʃən]
관개, 물 대기
írrigate 동 (토지를) 관개하다, 물을 대다

1972
□ **bearing** [bέəriŋ]
[1]태도 [2]관계 [3]방위각, 방향

have bearing on A A와 관계가 있다
take a bearing on A A에 진로를 취하다

1973
□ **peril** [pérəl]
위험
périlous 형 위험한

1974
□ **distress** [distrés]
[1]고뇌 [2]빈곤
동 괴롭히다

1975
□ **perseverance** [pəːrsəvíːrəns]
액센트주의
인내, 끈기
persevére 동 인내하다

1976
□ **calamity** [kəlǽməti]
(지진·홍수 등의) 재난

1977
□ **wreck** [rék]
[1]난파(선) [2]잔해 [3]폐인
동 [1]난파 시키다 [2]~의 탓으로 하다

1978
□ **nuisance** [njúːsəns]
남에게 폐가 되는 행위[사람]

1979
□ **orbit** [ɔ́ːrbit]
[1](천체·인공위성 등의) 궤도 [2](비유적으로) 인생 행로
형 궤도상을 도는

1980
□ **equator**
[ikwéitər]
적도

1981
□ **hemisphere**
[hémisfiər]
반구

the Northern Hemisphere 북반구
the Southern Hemisphere 남반구

1982
□ **erosion**
[iróuʒən]
(자연의 힘에 의한 토지의) 침식
erósive 형 침식의

1983
□ **eruption**
[irʌ́pʃən]
[1](화산의) 폭발 [2](병 등의) 발생
erúpt 동 분화하다

1984
□ **layer**
[léiər]
[1](겹겹이 쌓은) 층 [2]쌓는[놓는] 사람

the ozone layer 오존층

1985
□ **fossil**
[fásəl]
화석

fossil fuels (석유·석탄 등의) 화석연료

1986
□ **gene**
[dʒíːn]
유전자
genétic 형 유전자의

genetic engineering 유전자 공학

1987
□ **heredity**
[hirédəti]
유전
heréditary 형 [1]유전의 [2]세습의

1988
□ **breakthrough**
[bréikθruː]
(과학상의) 대발견, 돌파구

1989
□ **stem**
[stém]
줄기, 대
동 유래하다, 일어나다

stem from A A에 기인하다

1990
□ **sequence** [síːkwəns]
연속(하는 것), 연속물 (= series)
sequence of numbers 연속 번호

1991
□ **phase** [féiz]
[1](변화 · 발달의) 계단 [2](문법의) 구

1992
□ **dimension** [diménʃən]
[1](수학 · 물리) 차원 [2](pl.) 크기, 용적, 규모

1993
□ **criterion** [kraitíəriən]
(판단의) 기준

1994
□ **ambivalence** [æmbívələns]
상반되는 감정의 병존
ambívalent 형 상반하는 감정의, 양면가치적인

1995
□ **anguish** [ǽŋgwiʃ]
(정신적인) 고통

1996
□ **asset** [ǽset]
액센트주의
[1](pl.) (회사 따위의) 자산, 재산 [2]귀중한 것

1997
□ **countenance** [káuntənəns]
용모, 표정

1998
□ **diversity** [divə́ːrsəti]
[1]상위 [2]다양성 (= variety)
divért 동 딴 데로 돌리다
divérse 형 다양한 (= various)
diversity of A 다양한 A (= a variety of A)

1999
☐ **domain** [doumèin]
[1]영토, 영역 [2](컴퓨터의) 도메인

2000
☐ **retrospect** [rétrəspekt]
추억, 회상 (= memory)
동 회상하다
retrospéction 명 추억, 회상
retrospéctive 형 회고적인, 추억에 잠기는

2001
☐ **bliss** [blís]
지복, 더없는 행복
blíssful 형 지복의, 더없이 행복한

테스트 빈출 명사 ⑤

원소, 광물, 자원, 환경, 도시 [2]

☐☐ **radioactive waste**	[reidiouǽktiv wéist]	방사선 폐기물
☐☐ **power station**	[páuər stéiʃən]	발전소
☐☐ **sanctuary**	[sǽŋktʃueri]	조수 보호 구역
☐☐ **avenue**	[ǽvənjuː]	(거리) ~가(街), 큰 길
☐☐ **subway**	[sʌ́bwei]	지하철
☐☐ **ambulance**	[ǽmbjuləns]	구급차
☐☐ **crossing**	[krɔ́ːsiŋ]	교차점, 네거리
☐☐ **warehouse**	[wɛ́ərhaus]	창고
☐☐ **museum**	[mjuːzíːəm]	박물관
☐☐ **shrine**	[ʃráin]	성지, 순례지, 신전
☐☐ **temple**	[témpl]	절, 사원
☐☐ **cathedral**	[kəθíːdrəl]	대성당
☐☐ **filling station**	[fíliŋ stéiʃən]	주유소

□□	**commence** [kəméns]	개시하다, 시작하다 ▶ comméncement 명 개시, 졸업식
□□	**lapse** [lǽps]	[1](시간이) 경과하다 [2](습관 등이) 소멸하다 명 경과, 소멸, 과실
□□	**enroll** [inróul]	(회원 등으로) 등록하다
□□	**dissolve** [dizɑ́lv]	[1](물 등에) 용해하다 [2](의회 등을) 해산하다 [3]해결하다
□□	**segregate** [ségrigeit]	격리하다, 분리하다 ▶ segregátion 명 [1]격리, 분리 [2]인종차별
□□	**inhibit** [inhíbit]	방해하다, 억제하다 ▶ inhibítion 명 금지, 억제
□□	**avenge** [əvéndʒ]	복수하다
□□	**succumb** [səkʌ́m]	굴하다, 복종하다
□□	**repel** [ripél]	[1](적 등을) 쫓아버리다 [2](사람·제안 등을) 거절하다 ▶ repéllent 형 [1]격퇴하는 [2]대단히 싫은
□□	**overthrow** [ouvərθróu]	(정부나 체제 등을) 전복시키다, 뒤집어 엎다
□□	**uphold** [ʌphóuld]	지지하다, 떠받치다
□□	**scrutinize** [skrú:tənaiz]	상세히 조사하다 ▶ scrútiny 상세한 조사
□□	**depict** [dipíkt]	(그림이나 말로써) 묘사하다 ▶ depíction 묘사
□□	**retort** [ritɔ́:rt]	반론하다, 되받아치다

□□ **profess** [prəfés]
공언하다, ~인 체 하다
▸ proféssed 형 공언한, 겉보기의

□□ **donate** [dóuneit]
1(돈 등을) 기부하다 2(혈액 등을) 제공하다
▸ donátion 명 기부(금), (혈액 등의) 제공

□□ **fling** [flíŋ]
던지다, ~의 상태로 하다

□□ **impart** [impɑ́ːrt]
주다, 부여하다

□□ **steer** [stíər]
(자동차 등을) 조종하다
▸ steering wheel 자동차의 핸들

□□ **glare** [glέər]
(태양 등이) 눈부시게 빛나다, 노려보다
▸ 명 반짝이는 빛, 노려보는 것

□□ **dazzle** [dǽzl]
(강한 빛이) 눈을 부시게 하다
▸ dázzling 형 눈을 부시게 할 정도의

□□ **blur** [blə́ːr]
1얼룩이 지게 하다 2(명예·아름다움을) 더럽히다

□□ **choke** [tʃóuk]
질식시키다, 숨이 막히다

□□ **quiver** [kwívər]
(덜덜) 떨다, 진동시키다

□□ **stagger** [stǽgər]
1비틀거리다 2(자신 등이) 흔들리다

□□ **mimic** [mímik]
흉내내다 형 모방의

□□ **mock** [mɑ́k]
기만하다, 조롱하다 명 기만, 조롱감
▸ móckery 명 기만, 놀림, 조롱

□□ **rejoice** [ridʒɔ́is] 기뻐하다, 즐겁게 하다

□□ **appall** [əpɔ́ːl] 섬뜩하게[오싹하게] 하다
▸ appálling 형 무서운, 심한

□□ **devour** [diváuər] 게걸스레 먹다

□□ **squeeze** [skwíːz] [1](액체 등을) 짜내다 [2]착취[약탈]하다 [3]쑤셔 넣다

□□ **swell** [swél] 부풀다, 팽창하다, 증대하다 명 증대

□□ **roam** [róum] 정처없이 배회하다

□□ **stroll** [stróul] 한가롭게 거닐다

□□ **trim** [trím] 잘라내다, 다듬다, 정돈하다 형 손질이 잘 된

□□ **surmount** [sərmáunt] 이기다, 극복하다 (= overcome, get over)

Super High Level

□□ **filthy** [fílθi] 더러운, 외설스러운
▸ fílth 명 오물, 불결한 것

□□ **sanitary** [sǽnəteri] 청결한, 위생의

□□ **juvenile** [dʒúːvənl] 나이 어린, 소년 소녀의
▸ juvenile delinquency 미성년 범죄[비행]

□□ **astray** [əstréi] 길을 잃은, 못된 길에 빠진
▸ stráy 동 길을 잃다 형 길을 잃은

☐☐ **steadfast** [stédfæst] 충실한, (사람이나 신념 등이) 든든한

☐☐ **strenuous** [strénjuəs] [1]대단히 열심인 [2]격한, (일 등이) 힘든

☐☐ **articulate** [ɑːrtíkjulət] (발음·생각 등이) 명확한

☐☐ **credulous** [krédʒuləs] 속기 쉬운, 쉽게 믿는

☐☐ **mediocre** [miːdióukər] 평범한, 보통의, 이류의
▶ medióc rity 명 평범, 평범한 사람

☐☐ **lofty** [lɔ́ːfti] (이상·산 등이) 높은

☐☐ **dizzy** [dízi] (높이·속도 등이) 눈부신 것 같은, (사람이) 현기증이 나는, 아찔한 동 현기증을 일으키게 하다

☐☐ **hideous** [hídiəs] 소름 끼치는, 섬뜩한

☐☐ **radiant** [réidiənt] [1](태양 등이) 빛을 발하는 [2](사람의 얼굴 등이) 환한

☐☐ **aloof** [əlúːf] 서름서름한, 냉담한 부 떨어진 장소에

☐☐ **intact** [intǽkt] 손상되지 않은, 손대지 않은

☐☐ **compatible** [kəmpǽtəbl] 모순없는, 양립할 수 있는
▶ compatibílity 명 모순이 없는 것, 적합성

☐☐ **plausible** [plɔ́ːzəbl] (구실 등이) 그럴듯한, 진실 같은

☐☐ **optical** [ɑ́ptikəl] 시각의, 광학의
▶ óptic 형 눈의, 광학의

☐☐ **psychic** [sáikik] 정신의
▶ psychíatry 명 정신의학 / psychíatrist 정신과 의사

☐☐ **aethetic** [esθétik] 미적인

□□ **quaint** [kwéint] — [1]예스럽고 아취 있는 [2]기묘한, 색다르고 재미있는

□□ **fake** [féik] — 가짜의, 위조의 명 모조품, 가짜 동 (이야기 등을) 손질·윤색하다, (예술작품 등을) 모조하다

□□ **akin** [əkín] — 닮은, 동종의, 같은 혈족의
▶ kínship 명 친족관계

□□ **anonymous** [ənánimәs] — 익명의
▶ anonýmity 명 익명

□□ **void** [vɔ́id] — 전혀 없는, 공허한 명 진공(상태), 우주공간

□□ **pregnant** [prégnənt] — 임신하고 있는
▶ prégnancy 명 임신

□□ **residential** [rezidénʃəl] — 주택의, 주택에 맞는
▶ reside 동 살다 / resídent 명 거주자 / résidence 명 주택

□□ **preliminary** [prilímineri] — 예비의

Super High Level

□□ **regime** [reiʒíːm] — 정치체제, 제도

□□ **intercourse** [íntərkɔːrs] — (개인과 개인, 국가와 국가와의) 교류, 관계

□□ **alliance** [əláiəns] — 동맹
▶ allý 동 동맹하다

□□ **conspiracy** [kənspírəsi] — 음모

□□ **traitor** [tréitər] — 배신자, 반역자

□□ **strife** [stráif] 싸움, 투쟁

□□ **trigger** [trígər] (총의) 방아쇠 통 방아쇠를 잡아 당기다, (사건 등의) 실마리가 되다

□□ **blast** [blǽst] 폭발, 돌풍 통 폭파하다

□□ **slaughter** [slɔ́:tər] 학살 통 학살하다

□□ **poll** [póul] 투표(결과), 여론조사(의 결과) 통 표를 얻다 여론조사를 하다

□□ **advent** [ǽdvent] (시대 등의) 도래

□□ **chronicle** [kránikl] 연대기

□□ **relic** [rélik] (과거의 시대의) 유물, (pl.) 유적

□□ **anecdote** [ǽnikdout] 일화

□□ **compass** [kʌ́mpəs] 나침반, (제도용) 컴퍼스

□□ **navigation** [nævəgéiʃən] 항해, 비행
▸ návigate 통 항해하다, 비행하다

□□ **theology** [θi:ɑ́lədʒi] 신학

□□ **oracle** [ɔ́(:)rəkl] (고대 그리스의) 신탁, 탁선

□□ **piety** [páiəti] 경건, 깊은 신앙
▸ píous 형 경건한, 신심이 깊은

□□ **vow** [váu] 맹세 통 맹세하다

□□ **oath** [óuθ] 맹세

□□ **reverence** [révərəns] 존경
▸ réverend 형 존경할 만한 명 (the R-로) (성직자에 대한 존칭으로서) 목사

□□ **flesh** [fléʃ] [1](가죽이나 뼈에 대하여) 살, 고기 [2](the – 로) 육체

□□ **velocity** [vilásəti] 속도, 빠르기

□□ **pendulum** [péndʒuləm] (시계 등의) 추

□□ **standstill** [stǽndstil] 정지, 휴지

□□ **axis** [ǽksis] 축, 중심선

□□ **stroke** [stróuk] [1]일격, (반복된 동작의) 1회의 동작 [2](뇌졸중 등의) 발작
▸ 동 쓰다듬다

□□ **fallacy** [fǽləsi] 잘못된 생각[믿음]

□□ **discourse** [dískɔːrs] 강연, 논설, 회화 동 [dískɔ́ːrs] 강연하다, 이야기 하다

□□ **premise** [prémis] [1]전제, 가정 [2](pl.) (건물을 포함한) 토지, (양도 대상) 재산

□□ **core** [kɔ́ːr] [1](과일의) 속 [2](사건의) 핵심

□□ **cue** [kjúː] 힌트, (행동의) 단서

□□ **metaphor** [métəfɔːr] 은유, 암유
▸ metaphórical 형 비유적인, 은유의

□□ **manuscript** [mǽnjuskript] 원고, 손으로 쓴 것

□□ **draft** [drǽft] 초안, 스케치 동 기초하다

□□ **margin** [mɑ́:rdʒin] ¹여분, 마진 ²페이지의 여백, 한계
▸ márginal 형 여백의, 난외의, 최저한의

□□ **norm** [nɔ́:rm] (행동의) 규범, 기준
▸ nórmal 형 정상의, 표준적인

□□ **maxim** [mǽksim] 격언, 행동원리

□□ **thrift** [θríft] 검약
▸ thrífty 형 검약한

□□ **aversion** [əvə́:rʒən] 반감, 혐오

□□ **rapture** [rǽptʃər] 큰 기쁨, 황홀경
▸ 동 황홀하게 하다

□□ **diagnosis** [daiəgnóusis] 진단
▸ díagnose 동 진단하다

□□ **dose** [dóus] (약의) 1회분의 복용량

□□ **anatomy** [ənǽtəmi] 해부(학)

□□ **reflex** [rí:fleks] 반사(작용), (-es로) 반사능력[신경] 형 반사적인

□□ **posture** [pɑ́stʃər] ¹(몸의) 자세, 태도 ²(정부·회사 등의) 방침, 정책

□□ **upbringing** [ʌ́pbriŋiŋ] (어린이의) 훈육

□□ **peer** [píər] ¹(영국의) 귀족 ²(사회적·법적으로) 동등한 사람
동 (잘 보이지 않는 것을 확인하기 위해) 뚫어지게 보다

□□ **aptitude** [ǽptitu:d] (학문·예술 습득의) 소질, 적성

□□ **heed** [híːd]
주의 동 주의하다, 조심하다
▶ take heed of A A에 주의하다

□□ **throng** [θrɔ́(ː)ŋ]
군중, 인파 동 모여들다

□□ **token** [tóukən]
1기념품 2(지하철 등의 티켓에 해당하는) 토큰 3상징, 징표

□□ **bait** [béit]
미끼, 유혹

□□ **feast** [fíːst]
축연, 향연, 잔치

□□ **relish** [réliʃ]
1(음식 등의) 풍미 2(일의) 재미 동 좋아하다, 즐기다

□□ **odor** [óudər]
냄새, 향내

□□ **altitude** [ǽltətjuːd]
고도, 높이

□□ **compound** [kámpaund]
혼합물, 화합물 형 혼합의 동 혼합하여 만들다, 합성하다

□□ **ordeal** [ɔːrdíːəl]
호된 시련, 고난

□□ **integrity** [intégrəti]
완전(한 상태), 성실, 고결

I N D E X

2001개의 표제어는 굵은 글자로, 관련어는 가는 글자로 표시하여
해당 단어를 쉽게 찾을 수 있도록 했습니다.

A

B

D